社会教育与江苏实践

江苏省"十三五"暨 2020 年度社区教育发展报告

江苏开放大学
江苏省社会教育服务指导中心 编著

河海大学出版社
·南京·

图书在版编目(CIP)数据

江苏省"十三五"暨 2020 年度社区教育发展报告 / 江苏开放大学,江苏省社会教育服务指导中心编著. -- 南京:河海大学出版社,2022.1
 ISBN 978-7-5630-7438-9

Ⅰ. ①江… Ⅱ. ①江… ②江… Ⅲ. ①社区教育—研究报告—江苏—2020 Ⅳ. ①G779.2

中国版本图书馆 CIP 数据核字(2022)第 010753 号

书　　名	江苏省"十三五"暨 2020 年度社区教育发展报告
书　　号	ISBN 978-7-5630-7438-9
责任编辑	龚　俊
特约编辑	梁顺弟
特约校对	丁寿萍
封面设计	徐娟娟
出版发行	河海大学出版社
地　　址	南京市西康路 1 号(邮编:210098)
电　　话	(025)83737852(总编室)　(025)83722833(营销部)
经　　销	江苏省新华发行集团有限公司
排　　版	南京布克文化发展有限公司
印　　刷	苏州市古得堡数码印刷有限公司
开　　本	718 毫米×1000 毫米　1/16
印　　张	12.25
字　　数	227 千字
版　　次	2022 年 1 月第 1 版
印　　次	2022 年 1 月第 1 次印刷
定　　价	80.00 元

《江苏省"十三五"暨2020年度社区教育发展报告》编委会

总主编：崔新有
主　编：吴忠宁　钱旭初
副主编：吴　杰　沈　悦

编　委：（按姓氏笔画排序）
丁晓华　马红霞　马国桥　王其友
王　艳　冯　亮　汤正友　孙桂英
李伟力　邱　静　张曌曌　陈　莺
陈锦华　费红辉　黄会琴　薛　亮

前 言
PREFACE

"十三五"时期是我国决胜全面建成小康社会、实现第一个百年奋斗目标的关键时期,也是坚决打赢脱贫攻坚战的决胜阶段。党的十九届五中全会提出新发展阶段、新发展理念、新发展格局,在这一时代背景下,为全面总结江苏社区教育在"十三五"时期,特别是《教育部等九部门关于进一步推进社区教育发展的意见》(教职成〔2016〕4号)实施以来的落实情况,客观评价江苏社区教育实施进展成效,总结提炼经验做法,集中展示发展成就和思想智慧,深入剖析实施过程中出现的问题及原因,补短板、凝特色、求突破,科学制定"十四五"社区教育发展规划,江苏开放大学、江苏省社会教育服务指导中心组织编写出版《江苏省"十三五"暨2020年度社区教育发展报告》。

《江苏省"十三五"暨2020年度社区教育发展报告》是继《江苏社区教育发展报告(2015—2016)》《江苏社区教育发展报告(2017—2019)》后的又一持续专注于社区教育领域的著作。全书分为三大板块,清晰描绘了江苏社区教育发展全貌。正文以"江苏社区教育基础与保障""江苏社区教育内涵发展""江苏社区教育品牌建设""江苏社区教育的机遇与挑战"四大主题,全方位、立体式、多维度精准聚焦江苏社区教育,呈现"十三五"以来江苏社区教育工作取得的各项成果,并以年份为序,总结2016—2020年"全省十三五社区教育百项大事记",在报告最后选取了8家具有代表意义的设区市"十三五"社区教育发展报告。以微观细腻、饱含实践穿透力的笔触,清晰呈现江苏社区教育发展细节。全书既为社区教育管理决策、科学研究提供参考,也为社区教育工作者认识、分析和研究社区教育实践提供指导。

"十三五"期间,江苏开放大学、江苏省社会教育服务指导中心不断夯实省委省政府赋予的社会教育领军责任,把责任放在心上、担在肩上、落在行动上。强化开放大学龙头作用,以开放大学系统为依托,进一步完善纵横交错的"蛛网式""五十N"社会教育服务体系;积极探索社会教育服务新机制、创新老年教育模式,以游学项目、学习苑、养教联动基地、名师工作室等项目建设推动社区教育内涵建设和品牌打造,提升了社区教育质量,有效发挥了社会教育主阵地作用。为江苏开放大学"办江苏人民的大学""办人民满意的教育"添砖加瓦,为建设学习型社会、构建服务全民终身学习的教育体系、创新社会治理作出了新的贡献。

现阶段江苏社区教育正处于高质量内涵发展的关键时期,是考验江苏社区教育向上发展、固本突破中引领能力、治理能力、服务能力的"重要时刻"。希望该书的出版能够助力江苏社区教育"十四五"发展开好局、起好步,推动江苏社区教育高质量、内涵化发展。

江苏开放大学校长
江苏省社会教育服务指导中心主任
2021 年 9 月

目 录
CONTENTS

第一部分 江苏省"十三五"暨 2020 年度社区教育发展报告 …… 001
 第一章 江苏社区教育基础与保障 …………………………… 002
 第二章 江苏社区教育内涵发展 ……………………………… 025
 第三章 江苏社区教育品牌建设 ……………………………… 048
 第四章 江苏社区教育发展的机遇与挑战 …………………… 054

第二部分 江苏省"十三五"社区教育百项大事记 ………………… 059

第三部分 江苏省"十三五"社区教育发展分报告 ………………… 069
 南京市"十三五"社区教育发展报告 ………………………… 070
 无锡市"十三五"社区教育发展报告 ………………………… 088
 常州市"十三五"社区教育发展报告 ………………………… 101
 苏州市"十三五"社区教育发展报告 ………………………… 116
 南通市"十三五"社区教育发展报告 ………………………… 131
 淮安市"十三五"社区教育发展报告 ………………………… 145
 扬州市"十三五"社区教育发展报告 ………………………… 159
 镇江市"十三五"社区教育发展报告 ………………………… 173

后记 ……………………………………………………………………… 187

第一部分

江苏省"十三五"
暨 2020 年度社区教育发展报告

第一章
江苏社区教育基础与保障

2016年至2020年是我国实施第十三个五年规划、全面建成小康社会的决胜阶段。党的十九大报告指出,中国特色社会主义进入新时代。全面深化改革进入攻坚期,创新驱动增强了社会经济发展的内生动力,坚持教育优先发展战略,加快推进教育现代化,强化了基本公共教育、职业教育,强化学习型社会建设,为提高国民素质和人力资本质量打下良好基础。"十三五"同样也是我国社区教育整体发展取得重大进展、跨上新台阶的关键时期。习近平总书记在全国教育大会上关于优先发展教育事业、加快推进教育现代化、建设教育强国,办好人民满意的教育的战略部署,党的十九届四中全会再一次明确提出"构建服务全民终身学习的教育体系,加快发展面向每个人、适合每个人、更加开放灵活的教育体系,建设学习型社会"的蓝图,以及中共中央、国务院印发的《中国教育现代化2035》中"扩大社区教育资源供给,加快发展城乡社区老年教育,推动各类学习型组织建设"的目标任务,都给社区教育圆满完成"十三五"任务以及积极开启"十四五"目标的发展指明了方向、振奋了精神、激发了动力。"十三五"不仅是社区教育实现跨越式发展的重要时期,更是承前启后、承上启下实现高质量发展的关键时期。

"十三五"期间,在江苏省委省政府的领导下,在江苏省教育厅的直接指导下,江苏社区教育积极贯彻落实党的十九大、十九届二中、三中、四中、五中全会精神,为完善江苏终身教育体系,推进"两聚一高"新实践、建设"强富美高"新江苏、办人民满意的教育,各级党委政府坚持多措并举、统筹发展、不断创新、综合推进,强基固本、夯基垒台,抓内涵、创特色,逐步形成了"目标聚焦、体系聚集、资源聚拢、模式聚合"的"四聚"新发展模式,不断推动工作从标准化向特色化、从规范化向品牌化的大步迈进,取得了令人瞩目的成效,事业发展居于全国同类第一方阵。

2020年是全面建成小康社会、"十三五"收官及"十四五"规划启动的关键之年,也是受到新冠疫情影响,社会经济文化格局发生重大变化的一年。在江苏省委省政府的领导和省教育厅的指导下,全省社区教育工作者群策群力,社区教育有序运行,为"十四五"社区教育高质量发展并持续在全国领跑打下坚实基础。

第一节　组织领导

"十三五"期间,江苏各级党委政府对社区教育的重视程度不断提高,省委省政府和省教育厅加强顶层设计,完善战略部署,全省各地进一步健全了社区教育组织体系、管理体制和运行机制。经过五年的努力,社区教育的基础能力建设和内涵建设均取得了明显的成效。

一、制度建设

"十三五"期间,在党的十九大精神指导下,江苏省出台一系列关于社区教育的政策文件,从办好人民满意的教育和构建终身教育体系的战略高度出发,完善顶层设计,为社区教育发展提供政策保障。

江苏省委省政府《关于深入推进教育现代化建设　努力办好人民满意教育的意见》(苏发〔2016〕17号)、江苏省教育厅《关于加快发展继续教育　推进学习型江苏建设的意见》(苏教社教〔2015〕3号)、江苏省教育厅等十一部门联合发布《江苏省教育厅等部门关于加快发展社区教育的实施意见》(苏教社教〔2017〕1号)等一批重要文件陆续出台,这些文件在以下几个方面取得了新的突破:聚焦终身教育体系的完善和学习型社会建设,建立健全继续教育管理体系和工作协调机制;建立以江苏开放大学为龙头的社区教育网络,形成覆盖城乡、机构完善、功能齐全、优质高效的社区教育办学系统;加强社区教育机构标准化建设;加强"江苏学习在线"和"江苏终身教育公共服务平台"网站建设,积极构建网上交流互动和数字学习共同体;加快终身教育学分银行和个人终身学习账户建设。《江苏教育现代化2035》和《加快推进江苏教育现代化实施方案(2019—2022)》不仅衔接、延续"十三五"期间相关社区教育内涵指标,并进一步结合新形势、新要求,突出提质增优,提出强化终身学习思想,搭建渠道更畅通、方式更灵活、资源更丰富、学习更便利的终身学习体系;成立江苏省终身学习委员会;大力发展城乡社区教育、老年教育;探索基层社区教育教学新模式,推动社区教育特色品牌建设;建立社会化教育工作者队伍的建设制度、规范和激励机制;健全督导评估机制,探索开展以大数据为基础的全民学习和社会教育监测,建立江苏特色的社会教育质量标准与社会教育发展监测指标;通过财政支持、社会资助等多种形式,扩大社区教育资源和场所……目标导向清晰,措施扎实具体,为全省社区教育持续高质量发展奠定了政策基础。

为深入贯彻落实《教育部等九部门关于进一步推进社区教育发展的意见》(教职成〔2016〕4号),2017年,江苏省教育厅等十一部门联合发布的《江苏省教育厅等部门关于加快发展社区教育的实施意见》(苏教社教〔2017〕1号,以下简称《意见》),以"更加注重统筹协调""更加注重政策引导""更加注重特色发展"的"三个更加注重"作为基本原则,要求各地进一步强化社区教育基础能力建设,充分发挥江苏开放大学和江苏省社会教育服务指导中心的作用,不断整合各类资源,建立学习成果认证与转换制度,不断深化发展社区教育内涵。《意见》明确提出了"落实组织领导责任。建立由政府主导、多部门共同参与的工作协调机制和联席会议制度,加强对社区教育工作的规范、协调、检查和指导""加大经费支持力度,建立健全政府投入、社会参与、学习者合理分担等多渠道筹措经费的社会教育投入机制"以及"规范专兼职人员配备""完善督导评价机制""营造良好氛围"等具体措施及要求。相比于全国各省同类"实施方案",该《意见》更加具体务实、更加注重内涵发展。《意见》强调了发挥"开放大学"的"领军"和"龙头"作用,突出了"开放大学"在社区教育推进过程中的社群领袖角色,赋予了新型大学全新的使命与责任定位;《意见》还在全国率先提出"市(县、区)财政按常住人口每年人均不低于4元的标准安排社区教育经费"的投入机制,并加强考核的要求,指导性、操作性强,保障机制更加务实有效。

为履行省委省政府要求的"龙头""领军"责任,特别是保障和贯彻落实省教育厅《意见》精神,江苏开放大学、江苏省社会教育服务指导中心以完善体系构建为抓手,着力在横向合作和学习实体终端上"聚集体系""聚拢资源",以项目化方式带动全省社区教育的实践创新,先后出台《关于加强和完善社会教育服务能力建设的指导意见》《关于合作推进社会教育"南北联手、东西对接"的实施意见》《江苏开放大学"学习苑"建设指导性方案》《江苏开放大学 江苏省社会教育服务指导中心关于"养教联动"基地建设的指导意见》《江苏开放大学 江苏省社会教育服务指导中心关于"游学"项目建设的指导意见》《江苏省社会教育规划课题管理办法》《江苏开放大学社会教育资源(课程)建设指南》《关于贯彻落实国务院办公厅〈关于切实解决老年人运用智能技术困难实施方案的通知〉的实施意见》等一系列文件,从项目实施层面推进社区教育工作高效发展、规范发展、创新发展。

江苏全省各地结合区域社区教育发展实际,瞄准标准化、规范化、特色化等内涵建设要素,制定出台了相应制度,积极推进当地社区教育的发展。南京、苏州已将终身教育立法工作推进到人大立法调研阶段。

南京市委市政府围绕全市终身教育体系构建和学习型城市建设,强化政府的主导作用,先后出台了《关于深入推进教育现代化 努力办好人民满意教育的实施意见》(宁委发〔2016〕26号)、《南京市"十三五"教育发展规划》(宁政发〔2016〕155号)等文件。南京市教育局也相继出台了《关于印发〈南京市社区教育目标管理考核标准(试行)〉的通知》(宁教职社〔2016〕35号)、《关于印发〈南京老年开放大学体系建设方案(试行)〉的通知》(宁教办〔2017〕17号)、《关于在全市设立老年开放大学的通知》(宁教办〔2017〕37号)、《关于印发〈南京市高标准社区教育中心建设标准〉的通知》(宁终身教育〔2020〕6号)等配套文件……进一步明确了社区教育发展目标及实施举措,有效促进和保障了全市社区教育事业的可持续发展。

苏州市2016年就在全省各市中率先公布了苏州市十四部门联合颁布的《关于加强社区教育工作 推进学习型苏州建设的意见》(苏教〔2016〕7号)等文件,同时把社区教育作为重要内容纳入《苏州市中长期教育改革发展规划纲要(2010—2020)》,强化了社区教育的规划性和制度性设计。2018年,苏州市颁发了《市政府办公室关于成立苏州市终身教育促进委员会暨苏州市社区大学校务委员会的通知》(苏府办〔2018〕306号)、《关于成立苏州市终身教育促进委员会办公室的通知》(苏教民社〔2018〕18号)文件,促进了苏州市社区教育组织机构建设,整体推进更加科学规划。

常州市教育局等十一部门出台《关于统筹发展城乡社区教育 加快建设学习型常州的实施意见》《常州市数字化学习先行社区(镇、街道)评估标准》《常州市数字化学习示范社区(镇、街道)评估标准》《常州市社区教育工作考核意见》《常州市示范性社区学习共同体认定标准》等文件,进一步完善了社区教育的评估考核制度,以标准化建设推动了全市社区教育机构、组织和社区教育项目的有效开展。

其他各市也出台了相关政策与文件,从顶层设计上给予各区域社区教育发展较为完善的制度供给。如无锡市的《无锡市深化教育体制机制改革的意见》、镇江市的《镇江市关于加快开放大学建设 推进社区教育发展的意见》、淮安市的《关于推进学习型社会建设的指导意见》《居民终身学习制度》、扬州市的《关于做好扬州市社区教育富民行动"五个一批"建设工作的通知》……这些文件有效地指导了各市"十三五"社区教育工作的开展。

为推动社区教育师资队伍建设,根据《关于做好2020年全省中小学和中职校教师职称评审工作的通知》(苏教师〔2020〕20号)文件精神,2020年,常州市教育局和人力资源和社会保障局联合发布《关于开展2020年全市中等职业学校教师中高级专业技术资格评审工作的通知》(常教人〔2020〕37号),无锡市教育局发布《关于做好2020年全市中等职业学校教师专业技术资格评审工作的通知》,将社区教育教师的职称评定单列系列,极大地鼓舞了社区教育工作者的工作积极性。师资队伍建设是基层社区教育阵地建设的重要组成部分。为保障机构规范化、高标准发展,南京市出台《关于印发〈南京市高标准社区教育中心建设标准〉的通知》(宁终身教育〔2020〕6号),镇江市润州区出台《润州区社区学习共同体建设方案(试行)》……为社区教育高质量发展进一步奠定了基础。

二、组织体系

"十三五"期间,江苏全省的社区教育组织机构、办学体系围绕有效服务社区教育不断"聚合",不断完善。全省社区教育服务体系已形成纵横交错的"五+N"的"蛛网式"结构。纵向的"省开放大学(省社会教育服务指导中心)——市级开放大学(社区大学、市社会教育服务指导中心)——县(市、区)开放大学(社区培训学院)——乡镇(街道)社区教育中心——村(社区)居民学校"五级体系基本完备(见图1)。无锡市新吴区、苏州工业园区还将触角延伸到"片区""楼道",形成社区教育组织体系的"五级半"模式。截至2020年12月,全省建有各级开放大学73所、社区学院103所、社区教育中心1 161所、居民学校上万所,老年大学及各类老年教育办学单元12 610个[①]。

---

① 据江苏老年大学协会统计数据。

图 1　五级社区教育网络

在构建纵向夯实五级社区教育体系的同时,江苏开放大学、江苏省社会教育服务指导中心基于"以人为本"的思想和"终端取胜"的理念,倡导并实施推进横向建设"N"个社区教育"终端"阵地(见图 2),使之更加贴近学习者,以项目化、特色化教育服务学习者。"十三五"期间,在全省范围内建设江苏开放大学"学习苑"59 家、省级"游学"项目基地 24 个、省级"养教联动"基地 7 家、省级"社区教育名师工作室"101 个、省级"社会教育学习体验基地"55 家、"长三角市民学习体验基地"13 个,从而形成纵横交错的"蛛网式"社区教育网络,推动社区教育体系不断从完整走向完善。

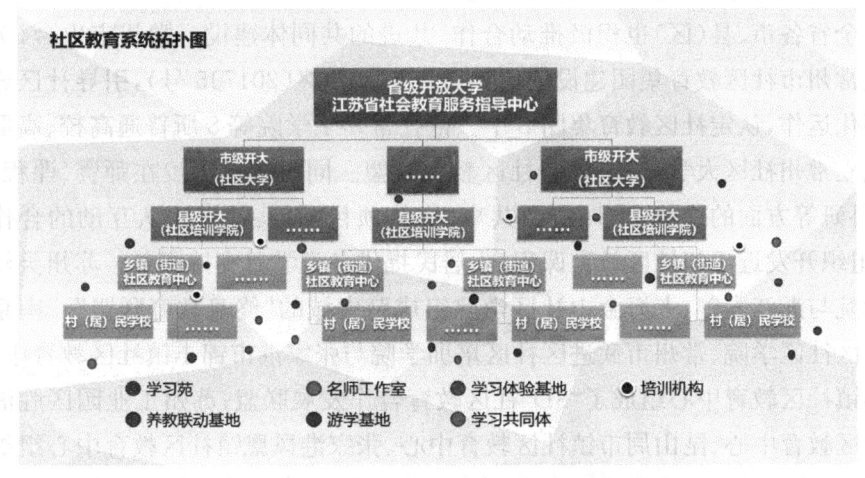

图 2　"五十N"社区教育体系构架图

基础能力建设是推动社区教育内涵深化的重点,"十三五"期间,江苏采用"以评促建"和"品牌拉动"的项目化运作方式,补短板、强基础、创品牌,拉动各类社区教育基地内涵建设和社区教育机构的标准化建设,取得显著的成绩。至2020年12月,全省建有12个全国社区教育示范区、16个全国社区教育实验区、15个国家级农村职业教育和成人教育示范县,总数列全国前茅。江苏省教育厅会同省农业农村厅共建教育服务"三农"高水平基地83个、高水平农科教结合富民示范基地55个。近三年省级社区教育示范区新增28个,标准化社区教育中心新增340个,基本实现省域全覆盖。"十三五"期间江苏所建设的省级社区教育示范区和标准化社区教育中心建设分别达到超过规划预定的75%和90%的目标。无锡、南京等地着力推进网络化体系规范化建设,自主开展"规范化社区学院"及市级"教育现代化示范性居民(村民)学校"的创建、评估,使社区教育基础得到了巩固。

充分整合、聚拢省内各类社区教育组织资源,以空间融合方式完善社区教育的框架结构及教育资源融通的供给侧改革。江苏各地十分注重联合校、政、行、企等组织共同参与社区教育,建设社区教育共同体,搭建联动、融通、共赢、共享的社区教育大平台,全面推进社区教育机构建设,形成组织稳定、黏性牢固、教育驱动、动态协同、社会共建、百姓共享的"体系聚集"效应。江苏开放大学与江都区政府合作共建全国首家社区教育管理学院,面向省内外社区教育管理人员和教师,不定期开展专业化培训,不断拓展社区教育服务领域。通过深化改革,既彰显了我省社区教育组织模式的重要特点,也探索了完善社区教育体系、践行社区教育发展理念的新路径和有效形式。

全省各市、县(区)也积极推动合作、共进的共同体建设。常州市出台《关于推进常州市社区教育集团建设的指导意见》(常教终〔2017〕5号),引导社区教育集团化运作,认定社区教育集团8个。依托常州工学院等8所普通高校、高职院校成立常州社区大学分校,打造社区教育联盟。同时依托高校在师资、课程、项目、科研等方面的优势,培训资源共享、优势项目互补、师资团队互助的合作模式,组织开发近千门社区教育课程,为居民提供各类学习支持服务。苏州吴江社区学院与浙江嘉善、上海金山社区学院组成跨省域的"终身教育联盟"。南京市玄武区社区学院、常州市武进区社区培训学院与张家港市锦丰镇社区教育中心、金港镇社区教育中心组成了"3D"社区教育合作发展联盟;苏州工业园区胜浦街道社区教育中心、昆山周市镇社区教育中心、张家港凤凰镇社区教育中心组织了"三叶草社区教育发展联盟";南京溧水区东屏镇组建了社区教育机构与民办非学历教育机构之间的合作联盟,充分发挥民办非学历教育机构的资源优势,引导特色课程为社区特定人群服务,将民办教育机构打造成社区教育基地、社区学习中心。淮安市依托"夕阳红歌舞团""陈氏太极拳协会""叶志斌诗词协会""清江浦退休教师之家"等150多个社区教育共同体组织服务社区终身学习。南通全市培育、整合各类学习型组织9 620个、各具特色的农民家庭文化室612家及其他众多群众文化活动基地,实现社区教育中心的互相学习、资源共享、信息互通、网络共建,形成相互促进、发展多赢的工作局面。

常州、无锡两市开放大学联合市委宣传部和文明办,成立市新时代文明实践指导中心,以组织培训、开展活动、开发课程、资源整合为抓手,引导居民、服务居民,发挥其在服务文明实践、促进终身学习方面的积极作用。2020年,南京市根据《南京老年开放大学体系建设方案(试行)》的要求,以南京开放大学为龙头,依托全市各区开放大学(社区学院)建设南京老年开放大学体系,全市12家区级老年开放大学全部正式挂牌运行。

据江苏省第七次全国人口普查结果,截至2020年11月1日零时,全省常住人口为84 748 016人。全省常住人口中,居住在城镇的人口62 242 383人,占73.44%;居住在乡村的人口22 505 633人,占26.56%。省外流入人口10 308 610人。其中,60岁及以上人口1 850.53万人,占总人数21.84%,其中65岁及以上人口1 372.65万人,占总人数16.20%。江苏已经进入到深度老龄化社会,积极应对老龄化社会的到来,江苏全省广泛开展老年教育,基本形成了教育、组织(或老干部局)、民政、文化和旅游、妇联多方办学,公办和公办民助、民办和民办公助、民办等多元办学形态。据江苏省成人教育协会专项调研结果显示,至2020年11月15日,全省老年大学总数为220所,其中省直老年大学6所。各设区市(含区)已全部开设有老年大学,覆盖率为100%。在全省40个县(市、区)中,除连云港的东海县未开设老年大学外,其余39个县(市、区)均开设了老年大学,覆盖率达97%以上。在县(市、区)老年大学开设方面,苏州市的张家港市开设了9所老年大学,扬州市的宝应县开设有2所老年大学,盐城市的东台市开设有2所老年大学。其余各县(市、区)均开设1所老年大学。苏中、苏北的设区市(含区)老年大学数量占比分别为56%、54%(见表1)。

表 1　江苏省老年大学分布情况汇总表①

序号	直属市名	老年大学总数(所)	设区市(含区)老年大学数(所)				县(市)及以下老年大学数(所)				县(市)个数
			总数	公办	民办	其他	总数	公办	民办	其他	
1	南京市	74	74	42	24	8	0	0	0	0	0
2	苏州市	44	32	30	2	0	12	11	1	0	4
3	无锡市	11	9	4	5	0	2	2	0	0	2
4	常州市	9	8	8	0	0	1	1	0	0	1
5	镇江市	8	5	5	0	0	3	3	0	0	3
	苏南五市小计	146	128	89	31	8	18	17	1	0	10
6	南通市	10	6	5	1	0	4	3	1	0	4
7	扬州市	9	5	5	0	0	4	4	0	0	3
8	泰州市	6	3	3	0	0	3	3	0	0	3
	苏中三市小计	25	14	13	1	0	11	10	1	0	10
9	徐州市	14	9	8	1	0	5	5	0	0	5
10	盐城市	10	3	3	0	0	7	7	0	0	6
11	淮安市	9	6	6	0	0	3	2	1	0	3
12	连云港市	4	2	2	0	0	2	2	0	0	3
13	宿迁市	6	3	3	0	0	3	3	0	0	3
	苏北五市小计	43	23	22	1	0	20	19	1	0	20
14	省直六校	6	6	2	4	0	0	0	0	0	—
	总计	220	171	126	37	8	49	46	3	0	40

三、运行机制

"十三五"期间,江苏以服务全民终身学习和推进学习型江苏建设为战略目标,各地党委政府将社区教育纳入区域经济社会发展的整体规划,总体上形成了党委领导、政府统筹、教育部门主导、相关部门配合、社会积极支持、社区自主活动、市场有效介入、群众广泛参与的社区教育协同发展运行机制。江苏省教育厅

---

① 据江苏省成人教育协会专项调研报告

社会教育处（后更名为语言文字与继续教育处）作为全省开展社区教育的行政管理机构，对全省社区教育进行组织协调和统筹管理，率领各市教育局以及省社会教育服务指导中心、省成人教育协会协同推进，形成了"一体两翼"的工作态势。

进一步健全管理体系，江苏开放大学积极承担社区教育领军责任，与省社会教育服务指导中心合署办公。在省教育厅指导下，"十三五"期间充分利用系统优势，在决策参谋、组织建构、项目实施、品牌打造、理论研究、成果宣传、平台服务等方面全面推进，成为江苏推动社区教育发展的重要力量。各级开放大学不断强化龙头和骨干作用，充分运用专业、人才、资源、平台等优势，整合利用各类资源，开展各种形式的社区教育活动。至 2020 年 12 月，全省 13 个地级市中，除盐城、泰州、宿迁外，均成立了"社会教育服务指导中心"，部分县（区）教育行政部门还依托县（市、区）开放大学成立县（市、区）级社会教育服务指导中心，按照区域社区教育发展需求，积极开展各项工作。

江苏省成人教育协会现有 360 多个会员单位，7 个专业委员会，"十三五"期间不断加强与各地、各个教育机构、会员单位之间的沟通联系，不断优化服务方法，以科研、培训和项目评审为抓手，形成有效工作机制，服务水平和影响力明显提升。

常州市由市教育局牵头，组成由市社区大学（开放大学）、人事局、财政局、人社局、科技局、民政局、电视台、计生委等 14 家市级行政部门（单位）协同的常州市推进终身教育工作联席会议，是江苏省首个终身教育工作推进机构。2011 年常州市又成立了由分管副市长担任组长，宣传部、文明办、老干部局、教育局、财政局、人社局等 24 个相关部、委、办、局组成的推进终身教育工作领导小组，加强了对全市终身教育的统筹领导，持续加大推进终身教育、社区教育的力度。同时，常州积极探索集团化运行机制，通过社区教育联合体的打造，寻求社区教育互补共赢、集约发展的新路径。

苏州市形成了市教育局领导、社会教育服务指导中心和终身教育学会相互配合的三方通力合作的管理格局。张家港市既采用市教育局职社科——镇社区教育中心——村市民学校的三级"科层"体系，又采用"项目为用"的项目化管理运营模式。重点围绕"项目化"开展，不断探索社区教育的运行机制。镇、村、社团组织中具有一技之长的个人，都可以申请社区教育公共服务项目，获得市级社区教育专项经费扶持后实现项目进村。这种项目化运作的方式，在行政体系中嵌入市场因素，实现了行政与市场相结合的管理机制。

南京市建邺区由区教育局、社区学院牵头，形成"学校五进社区"（即校长进社区、教师进社区、学生进社区、教育资源进社区、教育活动进社区）、"社区四进学校"（即社区资源进学校、社区服务进学校、社区人才进学校、社会评价进学校）的"双进"工作机制，组织各街道与辖区内相关学校结对共建、双向服务。

镇江市进一步明确以社区教育工作委员会为载体的"两级政府、三级管理"体制。即市及辖市区两级政府分级统筹管理，由市各相关部委办局的分管领导担任理事的镇江开放大学理事会制度、社区教育部门工作联席会议制度，定期研究社区教育发展和开放大学建设的重大事项，加大了对社区教育工作的统筹协调力度。

连云港市、淮安市均建立了社区教育联席会议制度。连云港市实施政府主导、各县（区）分块管理、共同参与的工作协调机制；淮安市将联席会议办公室设在市教育局，全市组成"市社区教育联席会办公室——县区社区教育委员会——乡镇（街道）社区教育领导小组——居委会（村委会）社区教育工作小组"四级社区教育组织运行的管理框架，形成了政府统筹，教育局主管，市文明办、法制办、人社、民政、妇联、共青团、残联、老年委、卫计委、工会等配合支持，开放大学、社区教育学院承办，辖区内各级各类高等院校、成人教育学校及培训机构、公办民办中小学校和幼儿园，文化中心、图书馆、镇村农家书屋和科普馆等教育资源作为依托，镇（街道）文化站、关工委、关爱驿站、退管中心（老年活动中心）等公共服务机构有效整合的良性机制。

全省形成了社区教育管理体系相对统一并不断扩展、融通，老年教育管理体系多样、多元的趋势。全省所有老年大学分属于组织部（老干部局）、教育（高校、社区、开放大学）、公共文化（含街道、镇政府、统战、社会保障）、老龄委、民政、民办、卫健委等七大系统，能够各自独立有效运作。老年大学条线管理、多元办学，既体现了统筹发展、各方共推老年大学建设的局面，也客观存在着各自为政、不便协调与统一管理的问题（见表2、图3），一定程度上制约了事业的发展。

表 2 全省老年大学主管部门情况表①

序号	主管部门	全省老年大学数(所)	设区市(含区)老年大学数(所)	县(市)及以下老年大学数(所)	省直老年大学数(所)
1	组织部(老干部局)	63	34	28	1
2	教育(高校、社区、开放大学)	77	63	12	2
3	公共文化(含街道、镇政府、统战、社会保障)	34	31	2	1
4	老龄委	3	3	0	0
5	民政	18	14	4	0
6	民办	7	3	0	4
7	卫健委	3	2	1	0
8	其他	16	15	1	0
	合计	221	165	48	8

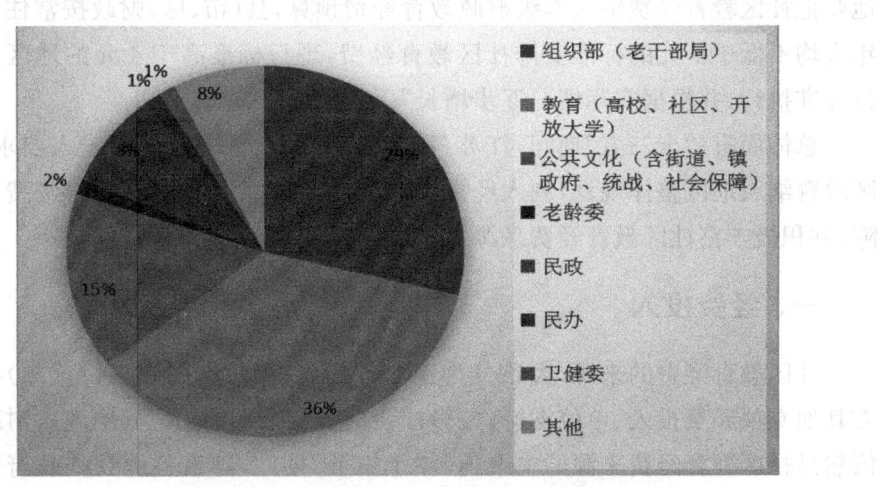

图 3 全省老年大学主管部门占比图②

---

① 据江苏省成人教育协会专项调研报告
② 据江苏省成人教育协会专项调研报告

第二节 经费投入

经费保障制度的确立是提高社区教育质量、推动社区教育内涵发展的基础和必要条件,也是充分调动和激发各级各类机构有效开展社区教育自主性、积极性的有效机制。2014年,江苏省教育厅就出台《省教育厅关于加强社区教育机构建设的意见》(苏教社教〔2014〕6号),明确在"省级示范区建设标准"中规定了"县(市、区)政府对社区教育的财政拨款按常住人口测算,每年人均社区教育经费苏南不低于4元、苏中不低于3元、苏北不低于2元"的标准,并要求"逐年有所提高"。根据"十三五"江苏社会经济发展态势和全面服务终身学习、建设学习型江苏的需要,2017年,江苏省教育厅等十一部门联合发布《江苏省教育厅等部门关于加快发展社区教育的实施意见》(苏教社教〔2017〕1号)的文件中,在2014年的基础上进一步提高了社区教育经费财政拨付的要求,在全国率先明确了"各地要把社区教育经费纳入本级财政教育经费预算,县(市、区)财政按常住人口每年人均不低于4元的标准安排社区教育经费,现行标准高于4元的地区仍按现行标准执行,并根据实际情况逐步增长"。

总体而言,"十三五"期间,江苏各地积极落实社区教育经费投入要求,将社区教育纳入地区整体规划,列入经常性财政开支,努力做好社区教育经费支持保障,并积极丰富社区教育经费来源,基本保障了社区教育事业的发展。

一、经费投入

社区教育经费的来源,大致分为三个方面:(一)政府财政拨付;(二)各级地方其他专项经费投入、单位支持;(三)社会捐赠及个人支出。其中政府财政拨付依然是社区教育经费来源的主渠道。"十三五"期间,随着各地党委政府重视程度的不断提高,江苏全省除少数地区在财政经费投入上略有起伏外,各地社区教育经费呈现出基本稳定并逐年增长的态势(见表3)。

表 3 各地财政经费投入情况(单位:万元)[①]

年度	2016 年	2017 年	2018 年	2019 年	2020 年	总计
南京	4 067.90	3 425.70	3 641.00	3 864.19	4 839.04	19 837.83
苏州	2 204.06	5 121.47	5 084.98	3 740.10	3 367.90	19 518.51
无锡	3 226.49	3 200.21	2 964.86	3 067.29	3 259.81	15 718.66
常州	1 558.20	1 783.06	2 037.23	2 177.30	2 365.45	9 921.24
镇江	1 340.80	1 596.43	1 383.93	1 267.90	1 035.47	6 624.53
扬州	590.34	969.23	1 238.30	1 025.84	1 115.68	4 939.39
泰州	806.79	383.16	514.31	492.25	798.99	2 995.50
南通	1 892.52	2 128.59	2 035.82	2 107.27	1 986.71	10 150.91
淮安	851.49	905.00	878.50	842.00	848.00	4 324.99
盐城	693.00	793.02	1 579.70	1 710.02	2 292.17	7 067.91
宿迁	683.00	779.48	1 039.88	1 179.97	1 533.00	5 215.33
徐州	1 405.00	1 471.50	1 485.00	1 507.50	1 557.50	7 426.50
连云港	2 976.12	1 441.81	1 479.64	406.51	461.10	6 765.18
总计	22 295.71	23 998.66	25 363.15	23 388.14	25 460.82	120 506.48

江苏全省 2020 年度 GDP 达到 102 719 亿元,苏州、南京、无锡、南通均超万亿大关。从表 3 中可以看到,随着社会经济文化事业的快速发展,江苏各地对于社区教育的投入不断增加。但由于各地重视程度和经济发展的不平衡,全省各地社区教育经费保障力度不一,苏南、苏中、苏北地区一定程度上呈阶梯式差异。南京、苏州、无锡每年投入基本达到或超过 3 000 万元,常州连续 3 年、盐城 2020 年突破 2 千万元,南通每年稳定在 2 000 万元左右。近三年,镇江、扬州、盐城、宿迁、徐州每年均在 1 000 万元以上。大部分地区基本保持稳定或稳中有升,但连云港市降幅较大。

对照《江苏省教育厅等部门关于加快发展社区教育的实施意见》(苏教社教〔2017〕1 号)所要求的"县(市、区)财政按常住人口每年人均不低于 4 元的标准安排社区教育经费",总体能达到规定人均标准的只是少数。以 2020 年为例计算,全省常住人口人均达到 3.11 元,但达到人均 4 元的城市仅有南京、无锡和常州(见表 4)。

---

① 根据各市社指中心上报数据汇总。

表 4　2016—2020 年各市财政投入人均经费[1]

	2016 年			2017 年			2018 年			2019 年			2020 年		
	财政投入(万元)	常住人口(万人)	人均经费(元)	财政投入(万元)	常住人口(万人)	人均经费(元)	财政投入(万元)	常住人口(万人)	人均经费(元)	财政投入(万元)	常住人口(万人)	人均经费(元)	财政投入(万元)	常住人口(万人)	人均经费(元)
南京	4 067.90	827.00	4.92	3 425.70	834.00	4.11	3 641.00	844.00	4.31	3 864.19	850.00	4.55	4 839.04	836.75	5.78
苏州	2 204.06	1 040.54	2.12	5 121.47	1 036.58	4.94	5 084.98	1 072.17	4.74	3 740.10	1 152.75	3.24	3 367.90	1 141.45	2.95
无锡	3 226.49	655.00	4.93	3 200.21	645.06	4.50	2 964.86	654.88	4.53	3 067.29	635.65	4.83	3 259.81	637.44	5.11
常州	1 558.20	470.00	3.32	1 783.06	471.02	3.79	2 037.23	473.16	4.31	2 177.30	473.68	4.60	2 365.45	477.74	4.95
镇江	1 340.80	318.13	4.21	1 596.43	296.70	5.38	1 383.93	296.96	4.66	1 267.90	297.30	4.26	1 035.47	299.95	3.45
扬州	590.34	460.00	1.28	969.23	429.13	2.26	1 238.30	429.06	2.89	1 025.84	430.03	2.39	1 115.68	446.12	2.50
泰州	806.79	499.80	1.61	383.16	480.15	0.80	514.31	485.24	1.06	492.25	486.13	1.01	798.99	477.10	1.67
南通	2 520.09	710.00	3.55	2 128.59	743.37	2.86	2 035.82	748.02	2.72	2 107.27	751.37	2.80	1 986.71	734.02	2.71
淮安	851.49	496.00	1.72	905.00	471.75	1.92	878.50	481.36	1.83	842.00	489.10	1.72	848.00	480.49	1.76
盐城	693.00	723.50	0.96	793.02	644.27	1.23	1 579.70	705.28	2.24	1 710.02	706.47	2.42	2 292.17	765.66	2.99
宿迁	683.00	487.94	1.40	779.48	488.38	1.60	1 039.88	489.62	2.12	1 179.97	492.59	2.40	1 533.00	470.77	3.26
徐州	1 405.00	871.00	1.61	1 471.50	873.2	1.69	1 485.00	876.35	1.69	1 507.50	876.35	1.72	1 557.50	991.50	1.57
连云港	2 976.12	449.64	6.62	1 441.81	452.38	3.19	1 479.64	454.45	3.26	406.51	457.38	0.89	461.10	429.18	1.07
总计	22 923.28	8 008.55	2.86	23 998.66	7 865.99	3.05	25 363.15	8 010.55	3.17	23 388.14	8 098.80	2.89	25 460.82	8 188.17	3.11

[1] 根据各市社指中心上报数据汇总。

2018—2020年各地总经费投入,常州、扬州、淮安、盐城、宿迁、徐州投入稳中有升,南京、苏州、无锡、镇江、泰州稳中略降。苏南地区投入较多,苏北地区投入不足。南京、苏州每年投入超过5 000万元。泰州、淮安、宿迁、连云港三年累计投入不到5 000万元(见表5)。

表5　2018—2020年各地总经费投入(单位:万元)①

年度	2018年	人均(元)	2019年	人均(元)	2020年	人均(元)	总计
南京	7 729.00	9.16	8 129.38	9.56	5 740.54	6.86	21 598.92
苏州	7 238.61	6.75	5 451.16	4.73	6 138.90	5.37	18 828.67
无锡	4 314.19	6.59	3 961.85	6.23	3 304.21	5.18	11 580.25
常州	2 409.88	5.34	2 590.50	5.72	2 876.39	6.02	7 876.77
镇江	2 076.01	6.99	1 636.70	5.51	1 327.32	4.43	5 040.03
扬州	1 707.07	3.97	1 402.94	3.26	1 944.02	4.36	5 054.03
泰州	1 776.71	3.66	782.43	1.61	1 020.16	2.14	3 579.30
南通	2 517.38	3.37	2 180.35	3.31	2 345.51	3.20	7 043.24
淮安	936.82	1.95	942.48	1.93	1 299.12	2.84	3 178.42
盐城	2 041.63	3.14	2 120.32	3.28	2 907.53	3.80	7 069.48
宿迁	1 267.88	2.59	1 377.97	2.40	1 676.80	3.56	4 322.65
徐州	1 838.44	2.09	1 883.65	2.15	1 994.00	2.01	5 716.09
连云港	2 142.81	4.72	586.05	1.28	584.40	1.28	3 313.26

社区教育的经费投入方式,既要有政府财政的主体性支撑,也需要不断拓宽经费渠道,赢得社会各界广泛支持;既需要政府财政人均经费的基础性保障,也需要进一步优化经费拨付方式,从过去单一以政府人均投入方式走向人均经费与项目专项资金有机结合的格局。

江苏各级财政在加大人均投入同时,还以项目化方式为社区教育配套专项经费,2017至2020年累计达到31 113.18万元,省级财政也每年投入社区教育专项经费3 000余万元用于社区教育机构标准化建设、社区教育活动、项目推进、队伍培训、课题研究、课程资源建设、奖励表彰等方面。在社区教育的总经费

---

① 根据各市社指中心上报数据汇总。

额度中,人均经费和专项经费仍然是经费保障的主渠道。江苏各地在努力保障财政人均经费的同时,积极探索多元筹措机制。无锡市各区县构建了以政府拨款为主导、社会筹措捐赠为补充、投入主体多元化、投入来源多渠道的社区教育经费保障长效机制。如:江阴市政府拨付专项经费,适当补助一些全市性的重大活动及培训,对下岗职工培训、农村劳动力转移培训等实行免费。宜兴市社区教育经费实行市、镇两级政府财政保障,每年纳入财政预算,将社区教育经费列入财政支出范围,足额拨付专项经费。苏州、常州、镇江、南通等多市形成"政府财政拨款为主、社会筹一点、单位出一点、个人拿一点"的多渠道经费投入的成本分担机制。一些社区和辖区企事业单位、社会组织、机构等探索各种合作共建形式,拓宽社区教育经费来源渠道。宿迁泗洪县通过设立社区教育基金等方式,鼓励自然人、法人或其他社会组织支持社区教育。

除了地方各级财政投入和专项经费以外,开放大学经费投入、社会募集经费等也是重要的组成部分(见表6)。以社区教育总经费进行统计核算,一定程度上显现出社区教育经费筹措多元机制的趋势和活力。在这期间,全省各市、县(市、区)开放大学系统积极承担社区教育领军责任,自筹经费给予支持,成为重要的支持力量。江苏开放大学系统累计投入社区教育专项经费6 952.61万元,其中开放大学校本部投入超过3 000万元。相对而言,社会募集的社区教育经费较少,2017年至2019年累计不足2 000万元,反映了社区教育的影响力和社会关注度还有很大的提升空间。

表6 各地其他投入(单位:万元)[①]

年度	2018年		2019年		2020年	
类别	其他专项	开大投入	其他专项	开大投入	其他专项	开大投入
南京	3 848.00	207.00	4 047.19	183.00	791.50	110.00
苏州	1 939.69	208.94	1 436.38	152.35	2 276.00	168.80
无锡	0.00	16.50	0.00	18.00	26.40	200.00
常州	383.10	78.55	405.70	141.00	335.60	175.34

---

① 根据各市社指中心上报数据汇总。

续表

年度	2018 年		2019 年		2020 年	
类别	其他专项	开大投入	其他专项	开大投入	其他专项	开大投入
镇江	571.70	70.50	296.10	32.00	187.85	104.00
扬州	198.77	145.06	148.50	145.31	618.56	148.52
泰州	505.84	562.00	130.50	0.00	183.67	24.00
南通	283.82	129.94	337.72	128.16	238.40	116.05
淮安	37.98	0.00	80.66	0.00	378.67	92.45
盐城	397.68	150.46	414.72	168.06	284.50	330.86
宿迁	150.00	48.00	110.00	58.00	121.00	22.80
徐州	163.56	140.00	185.45	150.00	412.00	24.50
连云港	466.92	151.53	58.50	98.00	96.40	26.90
总计	8 947.06	1 908.48	7 651.42	1 273.88	5 950.55	1 544.22

二、经费管理

社区教育具有鲜明的公益性质，其经费的使用效益直接关系到社区教育的可持续发展。社区教育的经费主要用于社区教育机构的硬件设施建设，品牌项目建设，课程资源建设，教师、管理人员以及志愿者队伍培训，社区教育研究，以及奖励表彰、宣传工作等方面。因此，社区教育的经费绩效主要体现在其社会效益上。由于江苏社区教育经费保障力度较大，全省建设了一批国家级、省级社区教育示范区、标准化社区教育中心、教育服务"三农"高水平示范基地，以及江苏开放大学学习苑、游学基地、养教联动基地、体验基地、名师工作室等。各市还注重将经费投向高水平居民学校建设、区域的社区教育项目开展等方面。近年来，明显呈现出经费资助方向从过去的硬件建设转向内涵建设的趋势。

"十三五"期间，江苏各级各类社区教育机构组建了一支专职人员为骨干的社区教育队伍，建设了一批内容丰富、特色鲜明的数字化学习资源，开展了多种主题、形式的社区教育教学活动，打造了一批具有社会影响力和公众认可度高的社区教育特色品牌，形成了一批反映社区教育发展成就的成果，提高了社区居民的参与度和认可度，扩大了社区教育的影响力和辐射度。各地在社区教育经费管理上一方面做到不断完善制度，实行专项专用，加强监督考核；另一方面注重绩效管理，创新机制，提高经费使用效能。

南京市建立"南京市财政项目绩效跟踪运行监控"制度,按年度编制社区教育专项经费,从项目经费申请、经费使用编制、经费划拨流程、使用绩效跟踪及评价后偏差的整改等环节进行监管,保证各级财政下拨的社区教育经费合理合规使用。苏州按照层级管理方式,由市教育局根据预算拨付到相关的区教育局、开放大学;区社区教育经费由区教育局拨付到区开放大学、乡镇(街道)社区教育中心;经费使用和管理由市(区)开放大学、社区教育中心根据社区教育专项经费使用规定及街道财政规定实行专项专用、专项管理。连云港、常州明确社区教育经费专项专用,用于基础设施建设、社区教育培训、奖项评比、课程建设、项目建设、课题研究、宣传推广等。

　　各地加强经费使用考核,注重审计绩效情况,加强绩效考评。南京市教育局制定社区教育经费使用管理绩效方案,各区制定社区教育经费管理方案,对下拨的专项资金加强过程性管理,聘请第三方机构会计事务所按年度对各区社区教育经费使用情况进行跟踪检查。南通市从社区教育专项经费中划拨一部分,专门用于年度考核评估,采取以奖代补的方式,最大限度发挥社区教育经费的使用效益。连云港、盐城、宿迁社区教育经费使用接受财政、审计、教育等部门的监督检查,教育部门年终开展社区教育经费投入、使用的绩效考评。盐城市教育局加强对社区教育经费的审计和监督,确保社区教育经费拨付使用规范有序。宿迁市教育局对全市社区教育工作实行年度目标责任考核奖励制度,聘请第三方会计事务所对其社区教育经费使用情况进行检查。淮安各区县制定社区教育经费管理细则,加强审计部门对经费使用的考核。

　　总体而言,"十三五"期间江苏社区教育经费投入有力保障了社区教育发展,成绩显著、绩效明显。但如何进一步保障经费足额到位,进一步提高社区教育经费的使用效益,完善教育资源的共建共享机制,不断健全社区教育综合绩效评估和经费绩效评价机制,还需要在不断实践中进行制度创新。

第三节　数字化平台建设

社区教育的数字化平台是学习型社会建设的重要载体。利用信息化技术手段,构建新型学习空间,整合各类优质社区教育学习资源,为学习者终身学习提供技术支撑,可以充分满足居民学习需求,保障居民打破时间、地域和个人学习资源匮乏的局限,最大限度地优化区域学习资源的配置,让全体居民获得平等的学习机会。

"十三五"期间,党和政府高度重视信息化建设,将"加强城乡社区教育机构和网络建设、开发社区教育资源"写入《国家中长期教育改革和发展规划纲要(2010—2020年)》。依托"江苏学习在线"平台,深化"互联网＋社区教育",是江苏助力学习型社会建设、服务全民终身学习的重要途径和实施模型。江苏各地持续加快数字化平台建设力度,建立起区域终身学习的重要平台和通道,覆盖全省的数字化学习平台和网络学习环境已经形成。

江苏省数字化平台建设基本上采用两种模式:一是依托"江苏学习在线"建设子站,构建了全省的社区教育数字化"网站联盟",搭建起社区教育网络四级体系;二是依托市级开放大学自行建设。

一、"江苏学习在线"网站建设

随着"江苏学习在线"网站功能越来越完善,资源越来越丰富,在引领、指导、服务全民数字化学习方面作出了重要贡献。作为江苏服务社区教育和终身学习的门户网站,"江苏学习在线"由江苏省教育厅主管、江苏省社会教育服务指导中心主办、江苏开放大学承建。平台于2009年5月20日正式开通,被"中国江苏网"、《扬子晚报》等誉为"国内首家省级学习资源型网站"。2010年8月,"建好江苏学习在线网站"正式写入中共江苏省委、江苏省人民政府印发的《江苏省中长期教育改革和发展规划纲要(2010—2020年)》。2011年7月平台被教育部确认为"终身学习公共服务平台建设示范基地"。2016年"江苏学习在线"升级改版,逐渐形成集社区教育课程学习、资源管理、成果认证等功能为一体的学习平台,全省社区教育建设成果的展示平台,全省社区教育政策宣传、理论引领、信息发布的咨询平台,融合WEB网站群、APP、微信服务端为一体的全媒体平台以及服务社区教育信息化管理"五位一体"的省级平台(见图4)。2019年10月22

日,《中国教育报》专版以《"学习"永无止境 教育一直"在线"——江苏开放大学"江苏学习在线"十年建设发展掠影》为题予以报道。

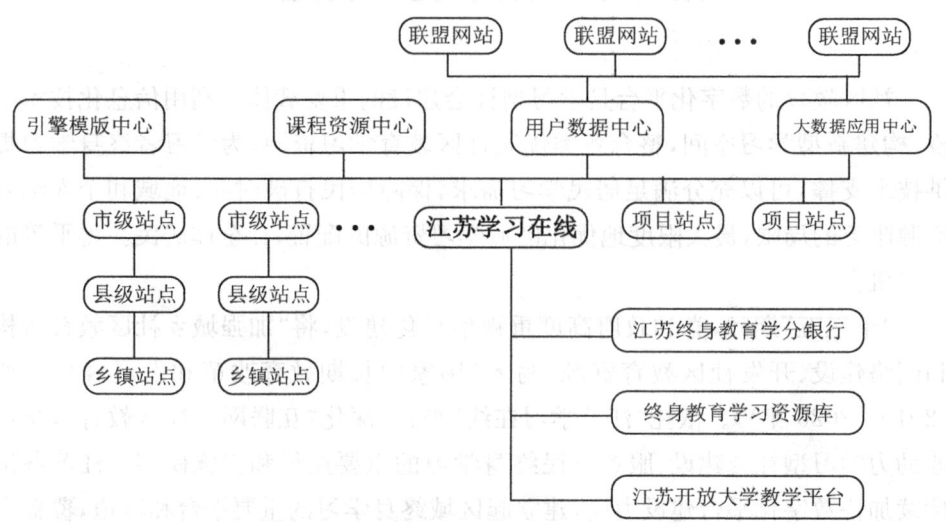

图 4　江苏社会教育公共服务平台构架

至 2020 年 12 月,"江苏学习在线"平台总访问量已达到 3 000 万人次,共有注册用户 161 万多个,每天学习的活跃用户 3 000 余人。网站发布咨询总数近 11 万条,做到每天发布、每日更新。平台发布视频课程近 44 000 个,单门课程学习人数最多达 8 万人,发布各类学习证书 23 门,获得证书 15 万余人次。

依托"江苏学习在线",持续组织开展各类专题学习、主题教育。如:开展针对农村妇女的"农村妇女网上行",服务老年人的"夕阳红 扶老上网",加强社区党建的"时代楷模 社区党建",面对新冠疫情的"居家学习 以学抗疫"等专题教育活动。"农村妇女网上行"培训项目在全省 13 个设区市大部分乡镇(街道)开班,近 7 万名农村妇女学习,近 5 万人获得了相关证书。"夕阳红 扶老上网"覆盖 12 个地级市、130 个乡镇(街道),不仅为老年远程学习者提供线下面授,同时组织当地教师和志愿者引导和鼓励老年学习者进行线上学习和交流,极大地激发了老年朋友在线学习的热情。新冠疫情期间,"江苏学习在线"及时发起"居家学习、以学抗疫"活动,引导广大居民利用"江苏学习在线"平台及 APP、微信订阅号和服务号开展线上学习,做到"防疫不放松,学习不间断"。平台开设"新型冠状病毒知识科普"专栏,发布防疫抗疫舆情信息 1 000 余篇,推送防疫抗疫文章 200 余篇,点击量累计达数百万人次。

二、各市数字化平台建设

各地把数字化平台建设作为学习型城市建设的重要举措。"南京学习在线"由南京开放大学主持建设，依托南京开放大学办学体系，整合南京地区相关教育资源，构建起覆盖全市12个区的网络体系，实现全市社区教育学习用户共享、学习资源共享、全市社区教育远程学习的统一调度管理。至2020年底，网站注册用户逾106万，实名注册用户约4万，总访问次数突破1 270万人次。

常州市将平台建设与数字化学习社区建设工作协同推进，开展市级数字化学习先行社区（镇、街道）的评选工作。通过制订《常州市数字化学习先行社区（镇、街道）评估标准》，建立督导评估制度和绩效考评机制，依托"常州终身教育在线"平台，促进各地区数字化学习及数字化学习社区建设科学、规范、可持续发展。"十三五"期间，常州市已成功创建数字化学习先行社区39个，数字化学习示范社区3个。"常州终身教育在线"建设充分结合了常州开放大学信息化资源，将开放大学、社区培训学院的远程教育基地和网络平台加以整合，充分利用常州市城乡社区综合管理和服务网络终端，形成覆盖市、辖（市）区、镇（街）"1+7+61"的终身教育站群系统，网站总注册人数超过20万，"乐学龙城"微信公众号关注人数近2万人，构建起了覆盖全市城乡社区的终身学习网络服务体系。常州市各辖市（区）积极支持终身教育站群系统的建设工作，做好与常州开放大学的数据对接和共建共享，主动与常州市城乡社区综合管理和服务信息化平台对接，在镇街一级建有社区教育专题网站。

镇江积极实践"互联网+社区教育"模式，加强社区教育数字化平台建设，所有辖市（区）都建有链接"江苏学习在线"的社区教育网站，部分社区学院和社区教育中心开设了微信公众号，各社区教育机构全面搭建社区教育网络服务平台，整合优质数字教育资源，开发适需、实用的社区学习网络课程，满足市民终身学习需求。"京口区终身学习网"共有课程2 000多门，注册用户57 999人，总访问量近55.2万人次。

目前，"宿迁学习在线"与县（区）市民学习网站、乡镇（街道）社区教育信息服务网站共享，实现全市社区教育基地网络全覆盖。网站注册用户约1.33万，实名注册用户约1.2万人，点击量突破104.3万人次。

三、"联盟网站"建设

"江苏学习在线"积极发展共建共享的功能。"江苏学习在线"作为省级平台，积极引领和组织推动全省数字化平台建设，采用"省区联动""共建共享"的方式，以"联盟网站"建设为抓手，或联通相关市级网站，或帮助区县、乡镇建设子站，整合各地区域网站，积极探索一网注册、多网互通、学分互认、线上线下沟通衔接的协作运行机制。江苏开放大学免费为各地提供项目联盟网站基本框架、通用功能模块、承担网络平台的技术运营与维护。目前，建有联盟网站近80家，基本形成了"省、市、县、乡"四级社区教育线上网络体系。通过"联盟网站"的形式，形成了全省整体联动效应，满足了居民终身学习的需求。

苏州全市8个区级、2个镇级市民学习网基本实现了全覆盖，大部分市（区）采取和"江苏学习在线"共建、与网络公司合作、委托区级开放大学（社区培训学院）建设管理的方式运营，访问量达3 505.52万多人次。"江阴终身学习网"依托"江苏学习在线"综合服务平台，以项目联盟方式，继续建设和完善拥有独立域名的"江阴终身学习网"学习联盟共建网站。网站访问学习量超过84万，网站已有各类视频课程4 466门。南通市通过共享"江苏学习在线"网站资源，建成"南通终身学习网"，全市各区镇社区教育网站开通率达到100%。淮安、连云港、泰州、盐城等地均依托"江苏学习在线"网站建设。"淮安学习在线"于2018年12月正式投入运营以来，网站注册用户达到7.83万人，访问量达到114.2万人次，日均活跃人数保持在2 000人次。连云港以"江苏学习在线"为依托，积极推进"连云港市民学习与研究在线"建设。"东海县职业与社会教育网"每年有超过3 000人参与在线学习。"盐城市学习在线"每年新增学习用户5 000多人。

镇江的丹徒学习在线、句容学习在线、扬中学习在线、新区学习在线成为"江苏学习在线"联盟网站，完全共享"江苏学习在线"全部学习资源。淮安开放大学于2018年正式成为"江苏学习在线"学习联盟共建网站第四批合作单位。依托"江苏学习在线"持续推进线上线下相结合的社区居民学习活动，居民网络学习参与率达到40%以上。

第二章
江苏社区教育内涵发展

"十三五"时期全省社区教育内涵建设、服务能力显著提升。"十三五"是江苏社区教育快速发展的五年,是稳步实现标准化、规范化建设的五年,也是为"十四五"全面转向内涵建设、高质量发展夯实基础的五年。根据教育部等九部门《关于进一步推进社区教育发展的意见》(教职成〔2016〕4号)中提出的"加强课程资源建设""提高社区教育工作者队伍专业化水平"等指导意见,江苏省教育厅等十一部门《关于加快发展社区教育的实施意见》(苏教社教〔2017〕1号)积极落实上述要求,发挥政策引领作用,从加强课程研究与开发、加强三支队伍建设以及学习成果转换、提高社区教育规范化水平等方面深化了内涵建设。在各级党委政府的支持下,在全体社区教育工作者的努力下,全省以"社区教育中心标准化建设、示范基地建设、特色品牌建设、优质教学资源建设为抓手,一手抓硬件达标,一手抓内涵建设,社区教育基础能力有了很大的提高"[①]。

第一节 队伍建设

社区教育的人员保障是社区教育发展的重要支撑力量,也是社区教育内涵深化的实施主体。社区教育的专兼职教师、管理者以及志愿者组成了社区教育"三支队伍"。"十三五"期间,江苏社区教育"三支队伍"建设取得了长足的进步。各地按照《江苏省教育厅等十一部门关于加快发展社区教育的实施意见》(苏教社教〔2017〕1号)和江苏省教育厅《加快发展老年教育行动计划(2018—2020)》(苏教社教〔2018〕3号)的要求,不断提高社区教育工作者专业化水平,推动志愿

---

① 曹玉梅:在江苏省成人教育协会第八届会员代表大会上的讲话,2021年4月

者队伍的规模扩张与结构优化的协调发展。一方面,队伍在保持相对稳定的基础上有序增长;另一方面,通过不断创新和完善机制,队伍建设不断向规范化、高水平方向发展。

一、队伍概况

(一)专兼职教师队伍

"十三五"期间,江苏在前期积极探索的基础上,进一步完善了以专职人员为骨干、兼职人员为基础的社区教育工作队伍。专兼职教师总量不断增长,到2020年已拥有社区教育专职教师12 981人、兼职教师50 151人,所占比例分别超过万分之1.5和万分之5(见表7)。

表7 各地教师队伍(单位:人)①

	2017年专职教师数	2020年专职教师数	2020年占人口万分比	2017年兼职教师数	2020年兼职教师数	2020年占人口万分比
南京	653	989	1.18	4 333	5 194	6.21
苏州	568	916	0.80	2 767	4 106	3.60
无锡	2 602	2 311	3.63	3 772	4 186	6.57
常州	269	312	0.65	2 295	2 486	5.20
镇江	643	622	2.07	4 247	3 717	12.39
扬州	414	469	1.05	2 516	4 567	10.24
泰州	305	288	0.60	1 625	1 924	4.03
南通	950	1 135	1.55	3 539	3 886	5.29
淮安	760	879	1.83	4 386	3 915	8.15
盐城	586	732	0.96	4 542	2 614	3.41
宿迁	1 275	995	2.11	4 246	5 337	11.34
徐州	1 630	2 989	3.01	4 351	7 409	7.47
连云港	499	344	0.80	1 233	810	1.89
全省	11 154	12 981	1.59	43 852	50 151	6.12

全省社区教育师资数量在"十三五"期间保持稳步增长,是社区教育得以持

---

① 根据各市社指中心上报数据汇总。

续发展的重要因素。专职教师一般来源于各级社区学院、社区教育中心和开放大学,兼职教师则来源于社会各界有一技之长的热心人士,虽然职业、年龄、身份、学历、职称等各不相同,但往往凭借对教育事业的热爱,在社区教育讲堂上一展风采。据统计,目前,江苏社区教育兼职教师数量接近是专任教师的4倍,已经成为各地开展社区教育的重要保障和基础支撑力量,既充分显示了社区教育师资队伍"能者为师"的鲜明特色,也呈现出社区教育师资队伍建设的需求多元性和来源广泛性。南通市建立了社区教育师资库。镇江京口区充分吸纳辖区高校教师、能工巧匠、社会人士,组建了一支多元化的兼职教师队伍。盐城市组建由中小学教师、农技站人员、村民学校负责人、技术专家在内的兼职教师队伍。各种专项教学支持团队也以鲜明的特色和完善的教学支持成为靓丽的风景。如南京市以南京金陵科技学院为主体,结合相关科研院所组成"南京农科教讲师团",深入田间地头开展订单式教育,助力"三农",成果卓著。再如南京建邺区组建的"居民数字化学习技能培训讲师团",坚持每月到社区开展电脑培训,为推进建邺区数字化学习社区建设作出了积极贡献。

随着各地对社区教育的重视和政策扶持,社区教育专职师资队伍的年龄结构有所优化,学历层次不断提升。例如,南京在编专职教师本科及以上学历达10.78%,中级职称、高级职称分别达34.10%、24.66%。无锡宜兴市40岁以下教师达到58.1%;锡山区在编专职教师168人,30岁以下45人,30—40岁59人,本科以上学历125人。

(二)管理者队伍

"十三五"期间,江苏各地加强与完善社区教育管理队伍建设,据2020年的数据统计,全省社区教育专职管理人员达到6 659人,相比2017年增长52%,兼职管理人员达到9 269人,与2017年的9 670人基本持平(见表8)。

表8 全省各地管理者队伍总人数(单位:人)[①]

	2017年专职管理者	2020年专职管理者	2017年兼职管理者	2020年兼职管理者
南京	458	783	665	1 169
苏州	386	336	1 568	970
无锡	841	861	870	896

① 根据各市社指中心上报数据汇总。

续表

	2017年专职管理者	2020年专职管理者	2017年兼职管理者	2020年兼职管理者
常州	206	206	606	581
镇江	171	153	555	371
扬州	132	170	361	217
泰州	192	153	286	295
南通	179	176	1 048	1 117
淮安	308	429	1 007	630
盐城	178	255	177	284
宿迁	293	469	1 011	631
徐州	850	2 504	1 280	1 762
连云港	190	164	236	346
全省	4 384	6 659	9 670	9 269

从表8中可以看出，专兼职管理人员总量趋于增加，南京、无锡、盐城、徐州等地的管理队伍规模稳中有升。其中，徐州增幅最大。

（三）志愿者队伍

"十三五"期间，江苏的社区教育志愿者队伍已经成为社区教育重要参与力量，有效支持了社区教育的人力资源供给。根据各地数据汇总，全省志愿者总人数2020年达到474.42万人，约占全省人口的5.79%。志愿者队伍成为社区教育中不可或缺的工作队、宣传队，既有效弥补了社区教育师资、管理队伍数量不足的问题，又有力提升了社会各界对于社区教育的关注度和影响力（见表9）。

表9 2020年各地志愿者队伍总人数（单位：万人）[①]

	志愿者	占人口百分比
南京	44.62	5.33
苏州	38.19	3.35
无锡	35.44	5.56
常州	23.60	4.94

---

① 根据各市社指中心上报数据汇总。

续表

	志愿者	占人口百分比
镇江	10.06	3.35
扬州	64.76	14.52
泰州	21.49	4.50
南通	130.47	17.77
淮安	28.69	5.97
盐城	21.41	2.80
宿迁	14.09	2.99
徐州	18.58	1.87
连云港	23.02	5.36
全省	474.42	5.79

江苏社区教育志愿者来自社会各行各业,以在校大学生、社区能工巧匠、企事业单位工作人员、社会爱心人士为主体。常州溧阳市许多社区充分发掘本地区文化、教育、艺术领域的名家、离退休干部,通过行业协会、民间团体不断扩大志愿者队伍;镇江市社区教育志愿者队伍中,大学生志愿者占总人数的8.46%,中小学生占29.54%,特别是教师和机关事业单位工作人员近3万人,分别占总人数的10.58%和9.45%,成为重要的生力军。这支社区教育志愿者大军积极融入到社区教育的各个方面,不断满足社区不同年龄、各个群体个性化、多层次的学习需求。南通多部门合作开展"万名青年志愿者服务社区教育"工程,侧重面向空巢老人、留守儿童、在通藏族学生、困难职工等社区特殊群体提供教育培训服务。淮安组建各种服务队伍,开展特色教育服务项目。如:淮安市金湖县黎城街道平安路成立了社区网络文明传播志愿服务队、心理咨询志愿服务队、科普宣传志愿服务队等,形成了周末课堂等教育服务项目;苏州市志愿者则针对幼儿、青少年、老年人、残疾人等开展安全健康教育、技能创业培训等,五年来,社区教育志愿者参与服务活动1 921个项目,服务人次达522万以上,为全市各类人群的终身学习提供了坚实的服务保障。

二、队伍管理

社区教育的"三支队伍"是广泛开展社区教育的主力军。只有不断完善和健全各项管理体制和机制,才能保障"三支队伍"的健康成长,才能有效促使社区教育可持续发展。

以平台建设和组织构架促进队伍发展,是江苏社区教育队伍管理的重要举措。2017年始,江苏省社会教育服务指导中心先后在全省范围内遴选成立省级社区教育名师工作室101家,进一步调动、组织、发挥名人名师在社会教育教学、研究中的示范、指导、辐射作用,汇聚了一批"能者为师"的队伍。实践表明,用项目化推进的方式来汇聚优质社区教师,充分发挥地方名人名师在社区教育中的示范辐射作用,充分调动社区老年群体人力资源的作用,是社区教育队伍建设的有效举措。江苏省社会教育服务指导中心在全国范围内聘请174位社区教育专家,为社区教育创新发展提供智力支持。江苏省社会教育服务指导中心依托"江苏学习在线"平台启动江苏省社会教育人员库、专家库建设,通过组建社会教育专兼职教师、社会教育志愿者、社会教育研究团队及兼职研究员等三个子库,汇聚全省人力资源,培养专业团队,做好社会教育人才储备,努力打造江苏乃至全国社会教育人才高地。2020年,又遴选成立省级社区教育专家库,充分发挥专家的决策咨询、指导服务和示范引领作用,为社区教育科学决策和规范发展提供智力支持和保障。

各地也积极行动,如:南京市遴选了一批立足社区教育一线、有丰富实践经验且工作卓有成效的专家人员,组建教育服务乡村振兴战略评估指导、社区教育实验项目指导、社区学院规范化建设评估指导、街道社区教育中心标准化建设等四个专家团队,有力推进全市社区教育规范化、专业化发展;无锡市与市新时代文明实践指导中心共享共建社区教育师资库;常州充分运用专家和名师资源,扩充工作队伍,在原有三支队伍的基础上,增加了专家顾问团和特色项目工作室队伍,突出了队伍建设中专家的带头与引领作用,在社区送教服务中发挥了重要作用。

规范和推动团队发展,开展经常性、制度化、规范化的培训,是江苏各地深化队伍内涵建设的又一重要举措和机制。为了做好省级层面上每五年一周期的教师、管理人员全员培训,省社会教育服务指导中心和省成人教育协会以及江苏理工学院开展了省级层面系列性的全省社区教育教师、管理人员全员轮训,培训主题涵盖了学习型城市建设、区域社区教育模式、开放大学转型与社区教育发展、社区教育课程建设、社区教育宣传工作、社区教育数字化能力提升、社区教育科研工作、学术论文写作等多个维度。这些都显示出轮训方式从以往侧重宏观的政策解读逐渐转向政策引导、内涵提升、实践创新、典型示范等各个层面。2020年,面对新冠疫情影响,省社会教育服务指导中心依托"江苏学习在线",建立起线上线下相结合的培训体系,为全省社区教育工作者开展2期线上培训,参培人数超过6 400人次,主题涉及科学研究、信息化建设、老年教育等,受到了基层的欢迎。

全省各地在抓好常规培训的同时,还越来越注重紧扣区域发展要点、难点、痛点，瞄准高质量发展和持续发展的内生动力需求、区域发展，以开展特色培训带动社区教育工作者的管理水平和教育素养水平的持续提升。如，苏州市以社区教育技能大赛项目为载体，开展全区域社区教育教学能力和项目策划能力比赛，有效推动了教师和管理人员队伍的成长。苏州工业园区等地以品牌项目建设为核心，通过培训来打磨地方特色品牌。无锡、扬州等地以"十三五"高质量发展为主旨，强化项目策划能力培训。扬州工业职业技术学院专门开展志愿者培训，学院和扬州市邗江区民政局对接，每个二级学院对接了邗江区的一个社区，打造"社区——院系——品牌"志愿者服务模式，形成了志愿服务能力培训体系，2019年入选江苏省社区教育特色品牌立项建设项目。

规范制度，强化激励考核，保障队伍健康、有序发展。南京市对社区教育专职管理员队伍组成结构采用"X+Y"模式。即由教育系统专门安排的分布在市成人教育学会、市成人教研室、市社区大学、区社区培训学院、街道社区教育中心等教育系统内的专职管理人员（"X"）和承担社区居民学校教学管理的社工（"Y"）组成，其工作成效由所在街道人社部门或民政部门聘用管理考核。南京市社区大学于2016年9月在全市社区学院体系内组建"南京社区教育讲师团"，各区均建有"社区教育兼职教师资源库"，每年都将社区教育专职管理干部培训纳入《南京市职业教育与社会教育工作目标及任务》，市教育局明确要求街道社区教育中心专职管理人员实行区、街（镇）双重工作业绩考核，各区均制定了社区教育专职管理干部绩效考核方案。南京市在《南京市市民文明素质提升3年行动计划（2016—2018年）》中还将"志愿服务氛围进一步浓厚"列入发展目标，在全市范围内开展"培育和引导民间社团组织、打造社区教育支援队伍生力军"的实践活动。无锡市梁溪区不断完善社区干部、社工为主的管理队伍建设和专、兼职与志愿者结合的社区教育辅导员队伍建设，建立培育兴趣——形成特长——担当骨干——成为行家的"社工"和"义工"培育机制。常州、连云港等市社区教育师资管理中强化考核评价机制，将其作为师资管理机制的重要环节，通过社区教育先进集体和先进个人的评选表彰、社区教育名师工作室与特色项目工作室的创建，充分发挥考核评价、项目评估对社区教育教师的激励作用。宿迁市制定《宿迁市社区教育教师培训管理制度》。常州、无锡、南通等市在教育厅及相关部门的指导下，积极探索理顺社区教育教师职称评聘通道，将专职教师评聘纳入教育部门师资规划和独立评审序列中，极大地激发了社区教育教师的工作积极性，也为社区教育队伍年龄、学历等结构优化提供了保障。

各地不断建立健全志愿者管理机制。连云港市建立志愿者登记建库制度。淮安市设立"社区教育志愿者办公室"，对志愿者队伍进行考核评比。扬州市建立志愿者招募、团队备案、定期例会、服务登记、时长认证、交通补贴等制度,推进社区教育志愿服务常态化、科学化发展。宿迁市建立了乡镇(街道)社区教育志愿者实名管理认证制度、乡镇(街道)社区教育志愿者定期培训活动制度等,实现对社区教育志愿者准入、业务能力提升和服务效能提高进行有效管控,还建立社区教育志愿者数字化信息资源库,实现对社区教育志愿者数字化管理。

第二节　课程资源建设

课程资源建设是社区教育内涵建设的核心工作,是社区教育实践活动开展的基本依据和载体,是实现社区教育目的的关键,也是社区教育质量评价的重要方面和依据。随着社区教育内涵建设的不断深化,课程资源建设越来越成为各级社区教育机构(尤其是省市级开放大学、社区学院)工作的重点,逐步向体系化、规范化、多样化方向发展。江苏各级社区教育机构通过自主开发建设、购置引进等多种形式,建设内容丰富、形式多样、特色鲜明的课程资源,满足社区居民多样化学习需求,促进社区教育内涵发展。

一、课程资源

为促进社区教育和老年教育课程建设的专业化、规范化和科学化发展,2019年,省社会教育服务指导中心编制、发布了《关于公布江苏省社区教育课程建设规范及通用型课程分类标准(试行)的通知》,要求各地结合本地区居民终身学习需求,开展社区教育资源和课程建设。其中,《江苏省社区教育课程建设规范(试行)》明确了社区教育课程建设的原则、课程建设的主要内涵,并强化了从"课程分析""学习者分析""学习目标分析""课程内容设计""课程评价"角度进行课程设计,对社区教育课程资源建设也明确了建设标准。《江苏省社区教育通用型课程分类标准(试行)》构建了"社区德育与公民素质教育""社区智育与职业技能""社区美育与艺术教育""社区体育与健康养生教育""地方特色与文化"等五个大类、15个子类的江苏社区教育课程体系。

"十三五"以来,江苏开放大学、省社会教育服务指导中心每年投入课程资源建设经费百万元,立项建设社区教育资源库总量已经达到4万4千多个视频,组成课程2 800多门。在江苏省教育厅指导下,2019年江苏开放大学、省社会教育服务指导中心承建的"江苏省老年教育资源库"项目启动。这是全国首个由省级教育行政部门直接指导建设的老年学习资源项目。南京视觉艺术职业学院、南通大学、扬州大学等一批普通高校积极参与课程资源开发工作,老年教育学习资源库子库内容不断丰富。

南京市各级社区教育学习平台已经拥有慕课资源3 000门,视频资源7 000个系列共10万集,电子书资源5万余册,资源总存储量达31TB。其中,学习平台永久资源包括视频资源12 000集、微课2 000集、慕课1 350集、电子书50 000余册。

苏州市开发教材447本、在线课程11万余门、通用课程12 459门、特色课程300余门。其中太仓市积极提倡各乡镇(街道)社区教育中心根据本地经济、社会、文化实际情况,深入推动社区教育与群众文化的融合,推动社区教育与企业、社会组织对接,提升社区教育服务经济与社会的能力,探索社区教育资源特色建设路径与发展模式。苏州工业园区积极鼓励原创课程开发建设,每年组织开展优秀乡土课程、公益课程、微课程评选活动,建立园区社区教育优秀课程资源库。

常州开放大学强化选课、送课、评课工作机制,每年推出100门左右的新课程。到2020年,已向社会发布1 050门课程,通过"菜单点送"的形式,将课程直接送到社区居民身边。

五年来,镇江市各辖市(区)共开发特色课程1 017门,编写社区教育教材(读本)334本。扬州市各社区开设的课程300多门,其中基础课程136门,专题课程173门。南通市民学习网拥有6大类43子类2 000学时的学习视频资源,让居民能够按需选择报名参加课程学习。

二、特色资源

2016年以来,江苏开放大学、江苏省社会教育服务指导中心紧扣"江苏文化名片"总题,制作多个系列的社区教育课程,既是对江苏文化的梳理和传承,也汇聚了服务"强富美高"新江苏建设的重要精神资源。"江苏文化名片"包括江苏红色文化经典、江苏共产党人故事、江苏院士系列、江苏饮食文化、桥文化、特色小镇、戏曲文化、文学艺术等系列,用镜头传播江苏社会、经济和城市建设等方面的故事和形象。

地方特色资源是社区教育课程重要的组成部分,是各地通过对区域历史、文化、传承、名人、传说、村名(地名)来源、美食、传统手艺等挖掘整理而形成的隐性课程,对提高居民素养,服务社区文化建设和促进社会和谐进步有重要的意义。江苏各市、县(市、区)、乡镇(街道)社区教育机构在进行社区教育通用课程开发的同时,努力挖掘乡土特色文化,开发乡土特色课程,建设乡土课程资源。常州市围绕"家庭教育""新时代文明实践""乡土课程"开展系列课程建设,其中钟楼区将地方文化资源按照"名人生平""名人故居""非物质文化遗产""现代文化产业"等四大类进行梳理，组织有关专家和学者集中力量编写一批读本，形成具有钟楼地方文化特色的课程。宿迁市依托地方产业结构，抓住京东电商公司落户宿迁的优势，大力推动区域电商教育，通过京东公司植入课程13门，自主开发地方特色课程10门。扬州市广陵区组织编写的《扬州清曲》等社区教育课程获得"全国社区教育特色课程"和"江苏省社区教育优秀乡土课程"等多项奖励。淮安市根据地方文化特色资源，编写制作《里运河风光》《伟人周恩来》《食在淮安》《红色淮安》等198种社区教育课程，深受居民欢迎。盐城市结合农科教富民示范基地功能提升，围绕服务"三农"的宗旨，组织编写了《养殖技术》《蚕桑养种植技术》《畜禽养殖》《水产养殖技术》《无公害塑料大棚蔬菜生产技术》等手册，较好地满足了广大养殖大户提高养殖技术的需求。南通市实现了乡镇社区教育中心均有乡土特色课程。

课程开发建设过程中努力凸显服务的针对性和有效性，不断从适应需求向引领需求、激发需求方向努力，这是社区教育课程建设的重要目标。各地基于地域特征，面向不同人群终身学习的需要，开发了一大批特色课程，如：南通开放大学开设老年教育课程30多门，包括电脑、合唱、舞蹈、烹饪、陶艺、书法、摄影等多个门类，深受老年人喜爱。淮安市金湖县为幼儿家庭开设母婴健康、儿童绘画、儿童舞蹈等课程。连云港市根据城市发展规划和行业企业需求，推出了一批保育员、育婴师、营养配餐员培训课程和海轮机长、船长、航海电工、海轮服务员等多门航海专业的培训课程。

第三节　社区教育内容与形式

一、教育内容

"十三五"期间，社区教育的服务人群和教育内容，已经呈现出全员、全程、全方位的"社会化大教育"形态。社区教育在不断发展和推进过程中，始终聚焦政策导向和需求导向，既保持与社会经济文化发展的同向性，又以适应社区居民素养、技能提升为动力与基点，重点面向社区开展老年教育，青少年校外教育，城乡居民综合素质教育，新农民、新市民以及特殊人群技术技能教育。江苏全省"城市、农村居民的终身学习参与率分别达到60%、40%以上，经常性参与教育活动的老年人占老年人口总数的比例达23%"[①]。

---

① 曹玉梅:在江苏省成人教育协会第八届会员代表大会上的讲话,2021年4月

社区教育,"教育"为本。通过多种形式,广泛开展社区教育培训(见表10),是服务城乡社区居民、提高居民素质与技能的基本形式和有效举措。各市不断完善培训体系、丰富培训手段,不断增强培训的有效性与参与度。"十三五"期间,全省开展的社区各种类型培训总数已达到18 631.69万人次,参培人数接近常住人口数的50%(见表11)。

培训内容首先表现出"通识性与地方特色课程相结合"的特点。一方面,面向不同人群组织开展教育服务。各市充分利用学校、社会组织、培训机构等,开展多元的教育培训,让企业员工、城市居民、农村农民受到定期培训教育。诸如隔代教育、关爱教育、青少年校外教育、在职人员文化技术教育、下岗失业人员再就业教育、老年人文化生活教育、弱势群体帮扶教育、外来人员城市适应性教育、新农民、新市民教育、职业技能教育……内容涵盖了思想道德、时事政策、文明礼仪、法制教育、环境保护、安全教育、和谐家庭、实用技能、文化素养、科普知识、医疗保健、运动休闲、健康教育、生活闲暇、地方文化以及热点、难点、焦点问题,基本覆盖了社会生活的方方面面。另一方面,各地依据区域社会经济发展需要和地方文化资源特点,开设一批具有地方特色的培训课程。如连云港的《水晶雕刻系列》、昆山的《学说昆山话》专题、淮安的《里运河风光》《伟人周恩来》《食在淮安》《红色淮安》、镇江的《诗词镇江》《醋香飘飘》《话说西津渡》,以及南京的美食文化、大街小巷系列等。

其次,在培训内容上表现出"定制课程与项目化课程相结合"的特点。各地依托地方资源优势,不断完善培训机制,开设了一批由学习者"点单"、教育者"送教"的定制式课程。如,连云港市连云区开展的紫菜养殖、加工、对虾养殖以及船舶驾驶、海轮服务员等专业知识培训;南通采用社区开菜单,学校送课上门,点对点服务模式,开课社区达100多个,派送课程170门,送教年平均一千余场,直接服务社区居民超过十万人次,居民社区教育活动年参与率得到了大幅度的提升。特别是在全国首开面向社区矫正人员的"阳光教育",对特殊人群开展的定向培训,社区教育有效促进了社会治理;徐州市积极开展老年康养服务人才、退役士兵教育培训;扬州、盐城等市广泛开展新型职业农民培训等,通过"菜单定制"的方式将培训精准推送到学习者身边。

表 10 全省各市参加教育培训年度总人次(单位:万人)[①]

		南京	苏州	无锡	常州	镇江	扬州	泰州	南通	淮安	盐城	宿迁	徐州	连云港	全省
2016	人次	440.24	601.75	371.00	212.63	178.32	177.85	229.97	322.86	221.77	228.13	190.50	105.00	117.41	3 397.43
	常住人口百分比	53.23	57.83	56.64	45.24	56.05	38.66	46.01	32.94	44.71	31.53	39.04	12.06	26.11	42.42
2017	人次	473.07	604.42	401.00	212.56	243.60	178.13	233.06	383.66	223.02	232.39	193.80	108.00	119.29	3 606.00
	常住人口百分比	56.72	58.31	62.16	45.13	82.10	41.51	48.54	51.61	47.28	36.07	39.68	12.37	26.37	45.84
2018	人次	502.52	626.54	435.00	267.54	234.89	178.54	235.96	435.10	240.69	230.82	198.30	109.00	123.82	3 818.72
	常住人口百分比	59.54	58.44	66.42	56.54	79.10	41.61	48.63	58.17	50.00	32.73	40.50	12.44	27.25	47.67
2019	人次	549.36	638.83	470.00	277.92	193.49	179.33	237.37	504.60	214.80	234.84	200.90	115.00	125.03	3 941.47
	常住人口百分比	64.63	55.42	73.94	58.67	65.08	41.70	48.83	67.16	43.92	33.24	40.78	13.12	27.34	48.67
2020	人次	537.37	577.67	611.00	291.26	218.59	180.21	237.20	354.60	254.57	207.74	200.60	73.00	124.26	3 868.07
	常住人口百分比	64.22	50.61	95.85	60.97	72.87	40.39	49.72	48.31	52.98	27.13	42.61	7.36	28.95	47.24
总数		2 502.56	3 049.21	2 288.00	1 261.91	1 068.89	894.06	1 173.56	2 000.82	1 154.85	1 133.92	984.10	510.00	609.81	18 631.69

① 根据各市社指中心上报数据汇总。

第一部分 江苏省"十三五"暨2020年度社区教育发展报告

表11 2020年社区教育培训信息表(单位:万人)①

		南京	苏州	无锡	常州	镇江	扬州	泰州	南通	淮安	盐城	宿迁	徐州	连云港	全省
青少年校外教育	青少年总数	94.17	110.02	84.86	77.05	32.43	57.00	55.78	74.90	79.43	82.37	58.10	203.00	75.44	1 084.55
	参加培训数	55.68	64.28	59.68	48.04	10.37	16.31	20.64	96.50	39.00	29.60	22.60	42.60	31.95	537.25
	百分比	59.13	58.43	70.33	62.35	31.99	28.61	37.00	43.40	49.10	35.90	38.90	21.00	42.35	49.54
企业职工培训	企业职工总数	74.86	410.23	190.39	170.25	98.78	132.33	190.20	212.90	62.64	118.07	68.30	316.00	32.87	2 077.82
	参加培训数	46.74	257.17	120.38	105.77	38.40	34.46	123.50	62.90	16.21	59.36	41.70	6.20	12.23	925.02
	百分比	62.44	62.69	63.23	62.02	38.88	26.04	64.90	32.60	25.88	50.30	61.10	2.00	37.20	44.52
农民培训	农民总数	158.90	126.70	140.06	137.59	62.22	341.99	92.47	217.80	241.51	241.57	267.30	312.00	203.47	2 543.58
	参加培训数	41.64	55.27	79.49	61.37	24.07	20.12	41.80	84.10	103.06	83.38	58.30	11.50	33.58	697.68
	百分比	26.21	43.62	56.75	42.63	38.68	5.88	45.20	29.30	42.67	34.50	21.80	3.70	16.50	27.43
新市民教育	新市民总数	126.80	310.60	113.50	89.03	39.44	18.28	49.27	69.70	93.69	65.64	49.20	24.80	26.57	1 076.52
	参加培训数	46.77	122.84	57.58	46.05	19.34	3.86	22.71	25.60	53.87	33.44	21.80	0.90	9.84	464.60
	百分比	36.88	39.55	50.74	47.57	49.00	21.12	46.10	330.20	57.49	50.80	44.30	3.60	37.00	43.16
特殊教育	特殊人员总数	4.73	8.37	8.97	7.43	2.75	3.13	7.36	8.00	5.36	12.98	6.60	56.00	1.70	133.38
	参加培训数	1.50	4.51	3.29	1.92	0.55	0.10	1.83	1.20	1.68	5.53	1.04	0.22	0.82	24.19
	百分比	31.71	53.92	36.62	29.88	20.00	3.20	24.90	23.30	31.41	42.60	15.80	0.40	48.40	18.14
老年教育	在校在学老年人数	19.65	20.78	8.70	12.16	8.80	3.90	1.14	24.65	9.98	4.94	5.02	44.30	2.54	166.56
	城市在校在学老年人数	19.65	11.14	6.90	8.45	4.55	2.68	0.72	18.10	8.17	2.57	2.00	12.00	2.12	99.05
	百分比	100.00	53.61	79.31	69.49	51.70	68.72	63.16	73.43	81.86	52.02	39.84	27.09	83.46	59.47

① 根据各市社培中心上报数据汇总。

同时，以实验项目为抓手推动社区教育，是满足与适应学习者需求、提升居民学习兴趣的一种有效手段。"十三五"期间，江苏每年开展教育服务"三农"高水平示范基地建设工作。各地充分发挥"基地"的教育培训功能，培育了一批新型职业农民，为乡村振兴作出了重要贡献。江苏省社会教育服务指导中心积极组织全省各地实施社区教育"项目化"建设，五年来，组织开展了以"寓学于游、寓教于乐"的游学体验项目、以"名人、名师、名效应"为特点的"名师工作室"特色项目、以"拓展途径，增加资源，丰富内容，创新形式"为标准的社会教育学习体验基地建设项目、以"农村妇女网上行""夕阳红扶老上网工程"、社区教育系列大赛等为主题的教育实践项目，以项目为教学的载体和过程，融教育、体验、成果展示为一体，使居民们在活动中增长知识，真正实现寓教于乐、学做合一。南通开放大学等4家单位获得联合国教科文组织的"全国城市社区学习中心试验区"项目立项。

各地依托项目组织和推动社区教育工作的开展，改进了传统的工作推进模式。南京市江宁区东山街道社区教育中心实施"母亲素养"工程，创建"东山母亲学吧"，实施家庭素养主题教育项目，举办168场次各类培训和讲座活动，培训年轻母亲2.9万人次、弱势母亲1.9万人次、新市民母亲1.5万人次、老年母亲1.5万人次。南通市"万名青年志愿者进社区""社区教育艺术节""全民阅读进社区""乡村记忆——南通乡村影像志"文化工程，以及社区教育"濠河夏夜"专场演出活动，在市民中产生广泛影响；苏州市的"公益课程进社区""社区学习共同体""江南船拳进校园""龙狮文化教育传承""沙家浜红绿新课堂"等项目，集传授、实践、熏陶、互助于一体。张家港市持续多年依托社会组织开展社区教育惠民项目，形成惠少、惠老、惠农、惠社等多样化教育类型。常州以社区教育特色项目工作室建设项目及常州社区大讲堂项目、"科学家教社区行"项目等，促进居民终身学习。扬州推出了成人教育服务新农村建设的"百名农民上大学、千名农民出国门、万名农民进工厂、十万农民学技术、百万农民受教育""五项行动"教育工程，开办51个高等教育学历班，让近4 000名农民在家门口就能接受高等教育，开展涉外劳务培训3 000余人次、各类农民劳动力转移培训6万人次、各类现代农业生产知识和实用技术培训23万人次。睢宁开放大学积极参与县政府倡导的"万人电商培训"项目，通过"电商培训＋乡村振兴""电商培训＋党建""电商培训＋户外拓展"等方式，培养一批农村电子商务人才，形成"电商产业＋人才培育"模式。盐城市大中社区教育中心、张家港市保税区（金港镇）等作为联合国教科文组织"农村社区学习中心（CLC）"能力建设项目实验点单位，在农村地区以实验项目的方式向学习者开展教育培训,帮助农民摆脱贫困、改善环境、提高生活质量。江苏开放大学、武进开放大学与金东方颐养中心三方联合共建"养教联动"示范基地,将老年教育送进养老机构、养老社区,构建适合老年人群生活、学习的一体化生态学习圈。

2020年,为贯彻落实国务院办公厅《关于切实解决老年人运用智能技术困难实施方案的通知》,江苏省社会教育服务指导中心发布了《关于贯彻落实国务院办公厅〈关于切实解决老年人运用智能技术困难实施方案的通知〉的实施意见》(苏社教指〔2020〕50号),组织开展"智慧助老 赋能银龄"社区教育专项行动。全省各地积极响应,大规模开展了老年智能技术专项培训,提升了老年人享受交通、购物、摄影等方面智慧生活的乐趣。

二、教育形式

近五年来,社区教育学习形式越来越呈现出多样性特征。不同人群、年龄、身份、职业的学习者,参与学习的组织方式灵活多样。常设性、专题性、项目化以及混合式学习,均已经成为社区居民参与、接受教育的基本学习形式。

除常规的以"大讲堂""讲师团""专题讲座"等社区教育培训和以项目化方式引领的线下教育活动外,线上教学和利用碎片化时间自主学习,也成为社区教育的重要形式。各地积极引导居民充分利用数字化平台资源及数字化学习QQ群、微信公众号等交流互动平台,构建数字化学习共同体,使"互联网+社区教育"落到实处。

"南京学习在线"开通金陵学堂、母亲学堂、摄影频道、老年大学等子站,覆盖了全市12个区,达到全市社区教育学习用户共享、学习资源共享,实现全市社区教育远程学习的统一调度管理。学习平台面向不同社会群体开发有针对性的系列电子教材和学习课程,为市民提供方便、灵活、个性化的学习支持服务。网站注册用户逾106万,总访问次数突破1 270万次。与南京市妇联合作开展线上"母亲学堂"项目,将"母亲学堂"打造成南京女性教育与学习的品牌。

"十三五"期间,"常州终身教育在线"网站总注册人数超过20万人。"乐学龙城"微信公众号关注人数近2万人。"常州终身教育在线"手机版于2018年11月正式开通上线,满足了现代市民的多种学习需求,提高了常州终身教育的覆盖面与受益率。淮安各乡镇(街道)社区教育中心,依托"江苏学习在线"继续推进线上线下相结合的社区居民学习活动,居民参与网络学习率达40%以上。连云港以"互联网+社区教育"为主要工作模式,将网络化学习与成人职业高中班在职学历教育提升相结合、与各类农民就业技能培训相结合、与社区居民素质提高相结合,提升了社区教育的普及率和实效性。无锡依托网络平台推出《空中老年大学》《老干部荧屏党校》《健康大讲堂》等老年教育栏目,播出健康养生系列讲座和中国书法、山水画法等系列电视课程,受到了广大老年观众的欢迎。盐城市连续举办"盐城市社区网上读书活动""全市市民普法""全市市民环保知识普及""学习强国知识竞赛"等培训活动,拓展了数字化学习人群,增加了学习人数,服务更多市民,真正实现了让社区"人人来学习、处处有课堂、个个有收获"的教育目标。

第四节　社区教育研究

"十三五"期间,江苏的社区教育研究,无论从研究成果数量的增加,还是研究队伍的壮大,或是研究维度的纵深发展,都有一定程度的提高。这与整个国家大力发展社区教育的推进力度呈同步发展的态势;与构建终身教育体系、建设学习型社会、发展"互联网+"社区教育、推动社区治理、助力乡村振兴等一系列国家发展战略的贯彻落实保持高度的一致,也与社区教育在内涵建设过程中不断深化、不断形成新的实践成果保持一致。但如何进一步聚焦目标、把握规律、科学设计、创新模式,依然是社区教育实践的困境。因此,通过提升研究水平、提高成果质量来引领实践、推动创新已经成为社区教育可持续发展的重要内驱动力。

一、研究体系

社区教育研究的体系,包括社区教育研究的组织和制度、平台和载体、专家队伍以及研究框架和成果采纳、评价等。

"十三五"期间,江苏各地对社区教育的研究进一步重视,并在组织、制度的保障、研究队伍的培养、研究目标的聚焦以及研究成果推广诸方面有了明显的提升。

发挥引领作用,承担主体责任。在江苏省教育厅指导下,"十三五"期间,江苏省社会教育服务指导中心、江苏省成人教育协会成为江苏社区教育(老年教育)研究组织协调的实施主体。通过课题组织、专家指导、人员培训、深入调研、项目评审、成果推广等方式,保证了全省社区教育研究工作的稳定和持续。江苏省成人教育协会在组织课题同时,建立了开放的交流机制,多次开展海峡两岸互访交流;江苏省社指中心成立了全国范围的社区教育专家库,以专家委员会的工作机制,开展专题项目研究和成果应用指导,制定长远规划、完善制度保障、明确工作流程、加大评审力度,已形成了常态化工作举措。同时,充分利用各级开放大学的区位优势,采用委托制、分级管理制等机制,调动各级地方社区教育研究的积极性。各级开放大学积极履行社区教育的龙头、骨干作用,将组织开展社区教育(老年教育)研究作为推进区域社区教育工作的重要内容,以课题立项研究和科研成果评奖、宣传为抓手,研究、实践协同推进。江苏开放大学每年组织"终身教育论坛",集中全国知名专家和博士开展沙龙、论坛,在全国范围内产生了较为广泛的影响。南京市发布《关于组建南京市终身教育专家库的通知》(宁终身教育〔2017〕3号),建立终身教育专家库,搭建起全市社会教育战略规划、课题研究、项目评估等咨询及服务的平台,为社区教育发展提供了智力支持。此外,江苏省终身教育研究会也积极组织开展课题研究,成为江苏开展社区教育、老年教育研究的又一支重要力量。

开展协同研究,以团队力量寻求突破,使社区教育研究从单打独斗逐渐向团队作战转变,是"十三五"期间社区教育研究机制的一个新现象。省社指中心牵头组织"长三角"三省一市开展社区教育课程研究。在"长三角"各地分别成立"课程开发与研究项目协作组",围绕社区教育的课程理论、课程设计、课程体系、课程质量控制等方面开展集体攻关,出版《长三角社区教育课程建设研究论文集》,主题涉及社区教育课程观、课程体系构建、课程质量标准、开发流程、课程孵化室研究、MOOC建设、老年教育课程优化策略等,全方位总结和展示了近年来长三角地区在社会教育课程建设方面的理论研究与实践成果。张国翔教授领衔的江苏省社会教育规划攻关课题《20世纪江苏社会教育史料研究》,跨区域汇集全省各地研究者组成协同研究团队,全面梳理了从清末至新中国成立后直至20世纪末江苏社会教育发展的历程、特点及经验,为全省社区教育的发展提供了宝贵的史料。

推广优秀成果,激发研究动力。一方面以成果评奖作为激励手段,鼓励创新研究、实践探索。江苏开放大学、江苏省社会教育服务指导中心于2018年在全国率先组织开展"江苏省社会教育(教学)成果奖"评选活动,之后每两年开展一次。通过评奖激励的方式,总结和宣传了江苏社会教育的创新发展成果,弥补了常规教育教学成果评奖中社区教育项目序列的缺失,调动了各级社区教育工作者的积极性。另一方面,以成果出版为展示手段,适时将全省各地重要的研究成果汇编成册,省社指中心连续出版"社会教育与江苏实践"丛书,包括《江苏社区教育发展报告》《江苏社会教育品牌与创新案例集》《江苏社会教育优秀成果论文集》《江苏省社区教育通用型课程建设指导大纲(选编)》《首届"江苏省社会教育(教学)成果奖"获奖成果精粹》等。江苏省成协每年出版了《春华秋实——江苏社区教育品牌案例》,对全省"十三五"期间的社区教育成果进行推广宣传。

提升平台质量,打造研究高地。江苏各地相关期刊、杂志栏目越来越多关注社区教育,助力江苏社区教育研究高地的打造。《终身教育研究》期刊(江苏开放大学主办)作为国内第一本公开发行的终身教育研究专业性学术期刊,五年来,发表关于社区教育、老年教育方面的文章40余篇。特别是该刊开设"民国社会教育"专栏,集中刊发了一批史料性强、学术水平较高的研究成果,为社会(社区)教育专业化、学科化发展起到了引领作用。《职教通讯》(江苏理工学院主办)开设终身教育、社区教育等专栏,刊发社区教育方面的研究成果38篇,已经成为展示社区教育研究成果的重要窗口和学术交流的重要平台。此外,江苏省社会教育服务指导中心主办的《江苏社会教育》以及《南京终身教育》《常州终身教育》《无锡终身教育》等刊物均围绕政策研究、课程开发、品牌建设、城乡成人教育、青少年校外教育、老年教育、学习型组织等发表研究成果,办刊质量不断提高,为社区教育研究提供专业的学术交流平台。

稳定研究群体,壮大研究队伍。"十三五"期间,社区教育的研究呈现出开放的态势,研究群体的层次、构成、年龄不断呈现新的特点,全省各级开放大学、社区培训学院、社区教育中心教师以及管理人员成为社区教育研究的骨干,是既相对稳定,又有一定实践经验、一定理论素养的群体力量。近年来,高校教师、学生团队越来越多地关注和转向社区教育研究,江苏理工学院、常州工学院、淮阴工学院、南京医科大学、江苏开放大学、金陵科技学院、扬州职业大学、苏州职业大学、常州机电职业技术学院等普通高校教师,加入社区教育研究阵营,呈现出一批高质量的社区教育研究成果。江苏理工学院的庄西真、马建富,江苏开放大学的吴进等专家,他们扎实的理论功底和良好的学术素养,在引领、支持江苏社区教育研究及成果转化等方面发挥了重要作用。

二、研究内容

课题研究是探索社区教育内在规律、引领教育改革、促进事业发展、提升教育质量的重要途径,也是锻炼研究队伍、凝练教学成果的重要抓手。对五年来江苏省社会教育服务指导中心、江苏省终身教育研究会、江苏省成人教育协会发布的课题进行统计,可以看出,以社区教育、老年教育为主旨进行立项研究的课题年均超过200项。其中"江苏社会教育规划课题"就立项377项,其中重点及以上课题50项,一般课题327项;江苏省成人教育协会课题"十三五"期间共立项237项课题,其中重点以上课题26项,一般课题211项;"江苏省终身教育研究会"从2016年成立以来,已立项132项,其中涉及社区教育(老年教育)41项,重点课题9项,等等。

分析2018至2020年各市承担研究的社区教育课题总量,虽然各市有所起伏,但逐年增加的趋势较为明显(见表12)。常州、南通、苏州等地在总量上处于全省领先位置,其中常州课题立项数最多,这与上述地区社区教育的受重视程度与社区教育研究的组织能力成正比。

五年来,江苏各地的社区教育研究者们积极申报课题,推动学术研究,较过去又有一定的突破。出现了一批如江苏省教育科学"十三五"规划课题《全场景学习:构建区域社区教育学习生态的实践研究》《社区教育课程标准及质量控制研究》,江苏高校哲学社会科学研究项目《江苏省社区教育智库建设路径研究》《江苏社区教育组织与机构的互补性构建》,江苏省"社科应用研究精品工程"项目《"强富美高"新江苏目标下的终身教育法制保障建设研究》,江苏省教育信息化研究立项课题《社区教育数字学习资源共建众享机制运行的实践研究——以常州为例》,以及中国成人教育协会"十三五"成人教育科研规划课题《乡村振兴战略背景下农村老年教育的研究》《立足地方社区教育特色课程开发和利用的研究》《全媒体时代社区教育有效供给创新发展研究》《终身教育公共资源平台建设机制的实验研究》《社区终身学习机制创新研究》等较高级别的课题,可以说课题研究的申报质量在不断提高,但在申报国家级项目方面还有较大的突破空间。

表12　2018—2020年全省各市各级各类课题立项情况统计表(单位:项)[①]

	2018年	2019年	2020年	合计
南京	15	6	51	72
苏州	31	46	8	85
无锡	20	28	25	73
常州	76	30	83	189
镇江	14	11	13	38

① 根据各市社指中心上报数据汇总。

续表

	2018 年	2019 年	2020 年	合计
扬州	22	15	33	70
泰州	13	9	13	35
南通	31	32	25	88
淮安	27	15	20	62
盐城	26	21	29	76
宿迁	1	3	4	8
徐州	20	30	14	64
连云港	17	19	14	50
总计	313	265	332	910

表13 2018—2020年全省各市社区教育论文发表数(单位:篇,含非知网收录论文)[①]

	2018 年	2019 年	2020 年	合 计
南京	136	42	199	377
苏州	35	57	78	170
无锡	34	3	193	230
常州	210	80	125	415
镇江	45	28	10	83
扬州	84	73	146	303
泰州	36	25	31	92
南通	108	84	67	259
淮安	26	29	31	86
盐城	108	61	78	247
宿迁	2	0	6	8
徐州	32	40	63	135
连云港	31	27	20	78
总计	887	549	1 047	2 483

① 根据各市社指中心上报数据汇总。

近三年,全省各市公开发表以及尚未收录进中国知网的各地终身教育、社区教育杂志或者其他期刊杂志上,总量达到 2 483 篇。然而,需要指出的是,"十三五"期间江苏各地的研究者在研究成果的刊发上还存在着层次不高,尤其是在核心期刊等高水平、高级别期刊上发表论文的数量偏少的问题。全省各市社区教育相关论文发表的数量总体呈现上升趋势。近年来常州市、南京市、扬州市发表论文数量最多,显示出较强的研究实力(见表13)。

从总体看,江苏社区教育的研究,基本形成了上至宏观政策与理论、体系建设,下至课程资源与平台建设、教学模式、队伍建设和老年教育研究等具体实践层面的六大课题研究方向,产生了一批较高质量的社会教育研究成果。

开展系列研究,在研究专题和主攻方向上出现"面"的拓展,是一个显著的亮点。常州市王清莲的社区教育智库研究、王中的社区教育联盟建设、苏州市的学习共同体建设,均通过系列研究,形成了一批建设性成果。

对于社区教育发展中的热点和难点问题,是社区教育研究者始终重视与一贯着力研究的焦点。一是围绕国家战略,开展社区教育与社区治理、社区教育与乡村振兴、社区教育与老年教育等方面的深入研究。如虞晓骏的《公共性:社会教育融入社会治理的价值向度》,吴进的《国家治理现代化视阈下社区教育评价的反思与重构》,徐四海的《互联网＋江苏老年学历教育创新研究》,万碧波的《老龄化背景下老年教育需求与供给现状及其对策研究——以镇江市辖区为例》,高洪波、景圣琪的《基于"便学、智学、乐学"的社区教育实践与思考——以南通市社区教育为例》等论文都显示出较高理论水平和实践指导价值;二是围绕社区教育发展的关键性问题进行研究。对社会组织与机构、社区教育共同体、社区教育模式、课程、资源、平台的研究占据了课题项目的大多数。王中的《社区学习共同体核心成员培育的研究》、邹建明的《"乐学吧"市民学习共同体建设探究》、莫俊的《江苏社区网络学习共同体构建路径及效能研究》、沈悦的《江苏社区教育数字化学习共同体研究》、张圣兵的《立足南京本土的社区教育特色课程开发与研究》、辛永容的《江苏省社会教育无缝学习平台构建研究》、钱旭初的《社区教育课程标准及质量控制研究》等一批课题研究覆盖了社区教育内涵建设的各个重要领域。

社区教育的实践探索过程就是社区教育的研究和总结的过程。社区教育研究已经成为政府决策的重要参考和政策研制的主要依据,已经成为提升社区教育工作者实践能力和解决问题的有效途径与平台,也必将成为社区教育学科建设的重要支撑和学术品质提升的有效路径。但是,社会教育的复杂性和特殊性也导致了与其他学科研究的差异性,未来的研究将进一步聚焦于宏观的政策与社区教育规律的研究；聚焦于社区老年教育的模式探讨；聚焦于社区教育的供给侧改革。同时，要做好成果转化应用，在规范性、标准化基础上发挥引领作用和在经验性、总结性基础上发挥提升作用。

三、研究方法

社区教育研究，需要从问题意识开始，选择实践中发现的重大问题，以及迫切需要解决的现实问题，从中提炼出一般规律。需要全面强化学科意识，加快社会教育的专业建设与研究，从而形成社会教育的学科知识、学科认同、学科规范、学科品质。

以项目实践助推课题研究，是开展社区教育研究的重要路径。研究者借助各类社区教育项目进行社区教育研究，推进社区教育工作，形成了丰富多彩的研究成果。南京市以社区教育实验项目为抓手，积极组织全市开展理论研究，内容涉及居民健康生活、技能提升等。如建邺区江心洲街道的《利用社区优质资源创建居民健康生活方式》、溧水区经济开发区的《失地村民市民化培训的探究》、浦口区盘城街道的《葡萄栽培技术的培训》等，有力推动社区教育科学研究，不断满足社区居民需求。常州市丁伟民主持的《生态学视角下终身教育共同体建设研究——以常州为例》课题，把理论探索和项目实践相结合，在全市开展终身教育共同体建设专项实验项目19项，同时完成了系列研究论文，课题成果丰富扎实。镇江句容市茅山风景区社区教育中心结合省级游学项目建设，开展《整合景区红色教育资源　开展"茅山红色文化"游学的研究》，丹阳市吕城镇紧扣区域特色资源的开发，开展《乡土文化课程的开发与运用的研究与实践》研究，以挖掘吕城镇乡土文化为抓手，以社区教育教材建设为载体展开研究。

在具体个案研究方法上，常州开放大学主持的课题《法治新常态视阈下江苏终身教育法制保障研究》主要采用了问卷、访谈等调查法，通过对江苏社区教育开展的现状以及资源分布情况、普通市民和社区教育工作者对终身教育和对终身教育立法认识的调查访谈，分析现阶段江苏终身教育法制保障建设的必要性和可行性。苏州市主持的课题《费孝通社区教育思想研究》则采用了文献研究法，通过梳理与整合费孝通社区教育思想的发展脉络，回顾开弦弓村社区教育的发展历程，审视当前本土社区教育的发展需求，为当今社区教育发展提供理论借鉴与实践参照。南通开放大学主持的课题《张謇社会教育思想与社会教育地方特色创新研究》也通过文献研究法，在全面回顾张謇兴办社会教育的主要实践内容及其社会教育思想形成的基础上，系统梳理和整理归纳张謇的社会教育思想，为促进社区教育地方特色创新发展提供有益借鉴。《回望与前行:开放大学在新时代社会教育发展中可以领军?》(崔新有,2019)一文采用了经验总结法,通过对实践活动中的具体情况进行归纳与分析,使之系统化、理论化,上升为经验。文章通过梳理新时代社会教育面临着环境背景与政策制定、多方参与与统筹主体、教育载体与现实需求、教育分布与学习需求之间的四重矛盾,指出因战略需求与"基因"底色,通过构建完善的社会教育网络体系、加强对全省社会教育工作的统筹指导、打造特色社会教育品牌项目、提升社会教育服务能力和内涵,揭示了开放大学在社会教育领域承担的领军使命。句容市社区培训学院主持的课题《县域社会教育新型农民职业技能培训模式创新与运行案例的研究》运用比较研究法,通过对日本、韩国、英国、法国、德国、美国等国家农民培训的分析,比较研究农民培训的东亚模式、西欧模式和北美模式,找出农民职业技能培训中存在的问题,从而提出适用于新型农民职业技能培训的本土模式。同样,盐城开放大学主持的课题《社区教育视角下新生代农民工教育培训现状与策略研究》也采用比较的方法,通过对第一代、第二代农民工进行纵向比较,挖掘新生代农民工的特点,对新时期城市居民和新生代农民工进行横向比较,分析之间的差异,构建适合新生代农民工的培训模式。其他诸如苏州市主持的课题《项目化管理在社区教育中的应用研究——以苏州为例》、常州开放大学主持的课题《社区教育与家庭教育融合体系建设的策略研究——以常州市为例》均采用了个案研究法,苏州开放大学主持的课题《促进社区教育工作者专业化发展的策略研究》采用了行动研究法。

总体来看,各类研究方法充分的运用,表明社区教育(老年教育)的研究路径和方法正在不断拓展,尤其是近年来文献研究法逐渐得到重视,说明研究方向在部分转向深度的文献史料研究,社区教育学科化研究趋向开始受到关注。

"十三五"期间,江苏社区教育正从基础能力建设走向内涵建设,从边缘向中心趋近,同样也正从探索阶段走向反思阶段。同时,在社区教育理论构建方面,则依然存在碎片化研究、经验性总结的色彩,研究者"各自为政",没有形成团队合力、联合攻关,未出现高级别立项课题和有影响力的突破性成果,作为学科建设的社区教育理论架构建设之路依旧漫长。

第三章
江苏社区教育品牌建设

社区教育品牌是社区教育管理和实施部门向社区居民长期提供的能识别、有特色、形象化的产品与服务,是在一定区域范围内具有社会影响力和公众认可度的社区教育活动、项目、课程等。五年来,江苏各地深入挖掘区域优秀文化,依托社区教育机构,整合各类资源,打造社区特色品牌,推动社区教育的特色发展,取得了良好的社会效益。

第一节 建设主体与机制

"十三五"期间,江苏社区教育品牌项目建设的主体呈现多元化特征,形成省教育厅、省社指中心、省成人协会、各地社指中心、社区教育机构多层次的建设格局。在各地教育部门的统筹规划下,以开放大学(社指中心)作为推动社区教育开展的主要机构,为品牌打造提供了支持保障。成人教育协会在品牌项目评审、推进品牌建设、打造优质品牌方面做了大量的工作。各地社区教育机构是开展社区教育的基层单位,具体负责品牌项目的实施和打造。不同主体合理分工,各司其职,形成良好的运作机制。

"十三五"期间,省教育厅语言文字与继续教育处作为江苏省社区教育的行政主管部门,评审立项扶持了一批省级社区教育品牌项目。2019年发布《江苏省教育厅关于开展社区教育基础能力建设项目申报工作的通知》,对社区教育品牌建设提出较为系统的建设要求,并对立项建设项目给予一定的经费支持。从2019年起至2020年,在全省范围内评选出2批共71个品牌项目。这些品牌项目充分展现出江苏社区教育发展水平,凸显地方特色与历史文化,有力促进了区域社区教育的内涵发展。

江苏省社会教育服务指导中心以"项目化"方式,积极组织全省各地实施"项目化"品牌建设。五年来,江苏省社会教育服务指导中心通过江苏开放大学"学习苑"项目、"游学"项目、"名师工作室"项目、"社会教育学习体验基地"建设项目、"养教联动基地"等建设项目以及"农村妇女网上行""夕阳红扶老上网工程""全省社区教育书法、摄影、歌咏、朗诵大赛"等教学实践活动,形成了"渔乐渔学""养教联动银光课堂""特色项目工作室""吴文化游学"等一批特色品牌,产生了较大的社会影响。《中国教育报》《光明日报》等国家级媒体以专版对相关品牌项目给予了报道。

江苏省成人教育协会作为推进全省社区教育工作的重要机构,每年配合中国成人教育协会组织开展社区教育品牌的评审活动,有力助推社区教育品牌项目建设。五年来,共表彰省级社区教育品牌197个,其中国家级终身学习品牌38个、"最受百姓喜爱的终身学习品牌"3个。

江苏各地高度重视品牌打造,教育行政部门主动牵头谋划,各级开放大学、社区学院、社区教育中心以品牌建设为抓手,广泛开展"一镇一品""一社一品""一校一品"建设活动,结合区域社会经济发展状况,深入挖掘地区文化特色,以需求为导向,深度整合区域资源,多措并举推进社区教育品牌建设。

南京市坚持实施项目品牌化战略,有效驱动了社区教育创新发展,五年来共培育出"全民终身学习活动品牌项目"国家级8个、省级14个、市级49个。全市各区各单位将品牌建设工作列入社区教育工作目标,坚持寻找可行性载体,探索品牌生成路径,拓展品牌项目教育和服务空间,扩大品牌影响力,发挥品牌项目的示范、引领、带动、辐射等作用。一是注重对社区教育活动进行体系化设计,将目标、课程、教师、过程管理、结果考核纳入完整体系管理,确保教育活动规范有序。二是本着"融合"的理念,引导不同的组织、机构和主体打破壁垒,发挥优势,共同参与,合作共赢。各区根据辖区内社会教育资源的具体情况,试点推进合作机制,将相关企事业单位、民办非学历教育机构、社会团体等社会力量作为学习资源,有机纳入社会教育发展规划,推动教育资源供给侧改革。南京市教育局与金陵科技学院共同组建了南京市教育系统"农科教讲师团",以教育"促就业、助致富"为目标,对全市农民开展实用技术培训,按照"农民出菜单,街镇成校编菜单,区教育局汇总单,讲师团接单,市教育局埋单"的工作流程,持之以恒深入农村,为农民致富提供农业技术培训和指导,社会影响不断扩大,服务范围不断拓宽。2016年10月,"南京市农科教讲师团"成为江苏省唯一获评"特别受百姓喜爱的终身学习品牌项目"。

苏州市已经形成以实验项目为抓手向打造特色品牌转型的方式。如："十三五"期间，姑苏区先后创立了"吴侬软语大学堂""法治虎丘"普法教育与实践、"山塘书院"讲师团、"虎丘科普小达人""茶博士"知识普及和"小虎丘故事会"等品牌项目。常熟市的重点实验项目《青少年锡剧教育〈让兰花在青少年中绽放〉》把戏曲文化融入艺术教学、综合实践研究、主题班队会等途径，设计出开放、内容丰富、贴近生活的艺术课堂。苏州市培育的"公益课程进社区""学说昆山话""社区学习共同体""幸福夕阳移动课堂""沙家浜红绿新课堂"等教育品牌，受众群体广泛，极大发挥了社区教育的品牌效应。苏州张家港市教育局积极探索依托社会组织开展社区教育惠民项目，2019年全市通过项目招标方式，设立项目137项。2020年设立227项，内容涉及青少年成长、家庭教育、老年教育、文化传承、环境保护、社区建设、职工技能提升等，并依托数字化平台实施动态管理，委托第三方进行考核评价，为社区教育质量评估及大数据分析提供了有益的尝试。

常州开放大学通过制定制度、组建团队、确定方案、制定预算、开展活动、宣传推广、总结提升等途径，整合社区教育资源，培养社区教育队伍，打造社区教育特色品牌项目，2019年出台《关于做好常州市社区教育特色品牌项目培育的通知》(常开大〔2019〕37号)，首批立项重点项目5个、一般项目10个，使社区教育品牌项目建设规范、有效。

南通市以资源整合为抓手开展品牌项目建设。市社区教育服务指导中心与团委联合开展"万名青年志愿者进社区"，与市委宣传部、市委老干部局、市教育局、市文广新局等部门联合举办社区教育艺术节及"全民阅读进社区""非遗进社区 文化有传承"等活动；与崇川司法局联合打造"阳光教育学院"，开展社区矫正教育项目；与市委宣传部、文广新局、文联合作"乡村记忆—南通乡村影像志"文化建设工程，以此为基础形成了"三合三学"社区教育模式，在全国产生一定影响。

连云港市采用系列组合的方式打造"港城大讲堂"，将第一人民医院"健康大讲堂"、连云港市图书馆的"苍梧讲坛"、连云港市群众艺术馆的"港城文化讲堂"、连云港社区大学的"市民大讲堂"、连云港市哲学与科学联合会的"社科大讲堂"、连云港市科协与人社局举办的"创新创业茶社"等组合在一起，形成富有连云港市特色的"大讲堂"品牌。

可以说，各地教育行政主管部门、开放大学、社区学院及社区教育中心，充分发挥了各自在品牌项目建设中的主导作用，建立联动机制，整合资源，形成了一批具有地区特色、深受居民喜爱、影响力大的品牌。

第二节　品牌特点

一、类型多样

"十三五"期间,江苏打造建设的社区教育品牌项目,不断创新突破,呈现了种类多样、百花齐放的景象。江苏社区教育的品牌项目通常有课程类、教学类、队伍类、平台类、基地类等多种类型,包括教学模式、教学项目、学习平台、学习组织、教学资源……既反映出社区教育的区域性和本土性,也反映出社区教育的多样性和差异性。

"教学项目类"是占据品牌项目中的多数。这类品牌围绕社区教育教学及支持服务,通过特色化的教学项目、教学模式等开展,形成自己的发展特色。"苏州工业园区公益课程进社区惠民项目"通过课程遴选,形成按需定制、内容丰富、覆盖面广的课程体系,进而不断加强组织管理、组建师资队伍、扩大课程宣传、细化课程考核,在居民中形成"课程推出频现满员秒光"的热烈景象。江苏开放大学、扬州开放大学联合邗江区方巷镇政府、方巷镇社区教育中心,共同打造沿湖村"渔乐渔学——最美渔村游学"特色品牌项目,以游学项目为载体,各学院送教上门,开展相关教育培训,手把手帮助渔民致富,服务区域社会经济发展,助力乡村振兴战略。南京市开展的"百姓原创朗读者"项目,则以"原创"和"诵读"为依托,广泛开展具有特色的社区教育项目,被评为2020年全国"特别受百姓喜爱的终身学习品牌项目"。南通的"社区教育'三合三学模式'"将当地社区教育不同层次、不同体系进行有机融合,实现纵向到底、横向到边,形成合力;将社会优质教育资源有效整合;将社会各部门功能进行有机融合。从而实现市民便学、平台智学和体验乐学的终身学习服务体系。此外,无锡滨湖区的"荣氏文化主题教育活动"、新安街道的"垃圾分类培训项目"、常州武进区的"楹联文化"、泰州的"野徐镇青少年校外综合实践活动"项目、苏州昆山的"吃讲茶"、吴中高新区的"百姓摄影大讲堂"、扬州仪征的"真州白话社区行"、宿迁开放大学的"农村电子商务培训"、徐州丰县的"朝花夕拾　少儿面塑"等项目均特色鲜明、教育元素充分、社会影响力显著。

充分利用社区教育项目的发展力和引领力,使社区教育的品牌更具丰富性与扩容性,有效提升服务社区教育整体发展的效能。常年举办的全省社区教育书画、摄影、歌咏、朗诵比赛,以项目驱动,强化学做合一,通过活动组织,来激发社区居民参与的积极性,并在活动过程中有机融入教育元素,使居民们在活动中增长知识、提升素质,真正实现寓教于乐。镇江市积极开发适合本地的社区教育特色项目。如扬中市的"金色阳光"等品牌项目、新区的"翰墨社""圌山学堂""开心果读书会"等品牌。常州市推出的走进职校、走进社区、走进企业、教育惠民系列培训项目、精彩龙城——文化100大型惠民行动、科学健身培训惠民品牌项目、未成年人成长服务品牌项目、经信讲坛等活动,深受广大居民喜爱。

"基地类项目"是品牌建设的重要依托,各市通过项目化基地的建设,使特色化的社区教育实现可持续发展。江苏省教育厅会同省农业农村厅共建的"教育服务'三农'高水平基地""高水平农科教结合富民示范基地"充分发挥"基地"的教育培训功能,以培育新型职业农民为重点,发挥示范引领辐射带动作用,为美丽乡村建设作出了重要贡献。基地建设项目"乡村振兴新天地"获得全国终身教育学习品牌称号。

江苏开放大学打造的"学习苑"遍布全省各地,树立"终端取胜"的理念,直接深入社区、贴近居民,打造不同于社区教育中心和居民学校的社区教育综合体,是居民身边最具特色、风格鲜明的"学习基地"。江苏开放大学、武进开放大学与金东方颐养中心三方联合共建"养教联动"示范基地,共同打造和培育"养教联动银光课堂"品牌项目,将老年教育从学校延伸到养老机构、养老社区和居民身边,构建适合老年人群生活、学习的一体化生态学习圈。南京市的"金陵学堂"项目,以名师工作室为依托,汇聚了各区优质的社区教育名师资源,搭建了一个互相借鉴、相互学习的工作交流平台,推动了全市社区教育品牌建设,更好地展示和宣传了南京市社区教育的工作成果。常州市创建的省级社区教育立项建设品牌项目"社区教育特色项目工作室",将社区教育特色项目工作室的建设作为深入推进社区教育工作、促进社区教育资源集聚、人员提升、服务居民的载体与抓手。工作室已建有31个,开发课程306门,培养社区教育教师500名,"送教进社区"4 000余次,受众人数超过50万。通过特色项目工作室的建设,创新了社区教育发展平台与机制,培养了优秀社区教育师资队伍,加强了社区教育资源的整合与利用,促进了区域社区教育的内涵发展。全省多地还采用"大讲堂""学习坊"等模式,积极面向社区居民和各类学习者开设内容丰富的讲座,形成了金港大讲堂、湖熟耕学堂、教育超市、世纪风社区科普讲堂、屏娃才艺学坊、丁庄葡惠学习苑、留守儿童氧吧、社区声乐学习体验园、留守儿童e家等一批品牌。

在"组织模式"和"队伍建设"方面,江苏涌现了一批着力于共同体、师资团队建设而服务社区教育的品牌项目。如，泰州的"永丰电商讲师团"、苏州的"山塘书院讲师团"、苏州"三叶草"联盟、江苏"3D社区教育发展合作联盟""乐学"共同体、镇江的"丹北悦书坊学习共同体"等。在平台建设方面，代表性的品牌有常州的"常州终身教育在线站群系统"、无锡的"锡山学习在线"等。

二、覆盖面广

品牌项目建设覆盖到各类群体，既有针对青少年、家庭妇女、老年群体等，也有涉及农民、特殊群体等，充分体现了社区教育全员、全程、全方位的特点。

青少年校外综合实践活动是对校内教育的补充和延伸，也是促进青少年健康成长的重要措施。省级社区教育立项品牌建设项目"野徐镇青少年校外综合实践活动项目"，以"公益办活动 服务青少年"为宗旨，积极倡导"快乐、体验、实践、成长"的理念，探索出一条"政府搭台主导、社区教育机构统筹管理、中小学助力参与、社会互动监督"的青少年校外综合实践活动运行模式。

南京市江宁区东山街道社区教育中心实施"母亲素养"工程，创建"东山母亲学吧"，通过家庭素养主题教育，帮助母亲们树立正确的家庭教育理念，掌握科学教子方法，将"自然母亲"培养为"合格母亲"。"东山母亲学吧"自成立以来，通过讲座、课堂、面授、网络、交流、现身教育等多种形式，共举办168场次各类培训和讲座活动，培训年轻母亲2.9万人次、弱势母亲1.9万人次、新市民母亲1.5万人次、老年母亲1.5万人次。《半月谈》《南京日报》《中国农村教育报》等媒体先后给予专题报道。

老年教育方面，较有影响的品牌有扬州江都的"幸福养老大课堂"、南通海安的"文化养老幸福银龄"、泰州的"关爱老人'医养教'服务工程"等。

在农民技能提升方面，"睢宁县万人电子商务培训"通过"电商培训＋乡村振兴""电商培训＋党建""电商培训＋户外拓展"等方式，培养一批农村电子商务人才，形成"电商产业＋人才培育"模式。

第四章
江苏社区教育发展的机遇与挑战

"十三五"期间,江苏坚持多措并举、综合推进,社区教育发展成效显著,社区教育体系建设明显加强,社区教育内涵建设、服务保障能力持续提升,社区教育平台和优质资源建设水平大幅度提升,特色品牌项目建设也取得丰硕成果。全省城乡居民的终身学习参与率分别达到60%、40%以上,经常性参与教育活动的老年人占老年人口总数的23%,较好地完成了社区教育"十三五"规划的任务和要求,江苏社区教育发展水平持续居全国第一方阵。但在事业发展的进程中,江苏社区教育还存在认知和关注不够、区域发展不平衡、队伍发展不稳定、社区教育研究能力不强、创新发展不足、宣传力度不够等问题。

第一节 经验及特点

一、政府统筹发挥核心作用

政府主导是江苏社区教育发展的一个基本经验。坚持政府主导、政策引领、统筹布局是推进社区教育发展走在全国前列的重要前提。全省各级政府高点站位,将社区教育纳入教育现代化目标体系予以谋划、布局和推进,充分发挥了统筹领导、资源整合、队伍管理、绩效评估等作用,不断强化社区学院规范化建设、社区教育中心和居民学校标准化建设,社区教育网络体系建设得到进一步强化。全省党政统筹领导、教育部门主管、相关部门配合、社会各界支持、群众广泛参与的社会教育格局已经基本形成。

二、开放大学领军,"一体两翼"推进

在省教育厅的指导下,江苏开放大学、江苏省社会教育服务指导中心积极履

行省委省政府要求的"领军"责任，不断提升整体协调与服务能力，同时加强对各级开放大学社会教育工作的督查指导，强化组织建设与能力保障，以基地建设、品牌打造、资源建设、平台搭建为推手，以项目化推进为抓手，形成整体联动、协作发展的格局。各级开放大学越来越多发挥起社区教育在当地的"龙头"作用，不断拓展社区教育阵地，优化教育资源，扩大社区教育供给，积极推进社区教育的平台建设、资源建设、项目实施、理论研究、推广服务等，使社区教育网络体系高效运转，指导、带动了区域社区教育的发展。

江苏省社会教育服务指导中心与江苏省成人教育协会已经形成江苏省教育厅指导下开展社区教育组织和协调的"两翼"。五年来，江苏省成人教育协会利用各市级协会，组织开展了各类项目创建、专题培训、课题研究，实施了"中青年学术激励计划"系列活动、"美蕴秋歌——社区教育文艺成果"展演，协助举办全民终身学习周活动，为推动全省成人教育改革发展、建设学习型江苏做出了积极贡献。

三、特色品牌打造彰显江苏影响力

五年来，江苏各地深入挖掘区域文化，整合各类资源，打造社区特色品牌，推动社区教育发展，已经取得良好的社会效益。

江苏省教育厅高度重视社区教育特色品牌建设。2019年出台《江苏省教育厅关于开展社区教育基础能力建设项目申报工作的通知》，在全省范围内评选出"苏州工业园区公益课程进社区惠民项目""南京金陵学堂""睢宁县万人电子商务培训项目"等16个品牌，2020年又评选出"玄武社区学堂"等55个品牌项目。不断提升项目品牌建设的影响和力度，有力促进区域社区教育的内涵发展。

"十三五"期间，江苏在全国"全民终身学习活动周"上共有38项社区教育品牌获得表彰，其中"金陵学堂"等社区教育品牌项目被评为"特别受百姓喜爱的终身学习品牌项目"。五年来，在省"全民终身学习活动周"上共有197个社区教育品牌获得表彰，这些品牌项目在政府支持引导下，充分展现全省社区教育水平，凸显地方特色与历史文化，以具有特色的学习内容、教学模式，以及通过项目实践、载体建设、资源整合、综合实践等多种形式，满足了不同类型群体的个性化终身学习需求。

第二节 存在问题和不足

"十三五"期间，江苏社区教育有了快速发展，但整体还处于由基础能力建设向内涵发展、特色发展转型的关键阶段。相对于正规的学校教育,社区教育还是"弱势教育",依然是各种教育类型中的"短板",还没有进入到自发、能动的状态。一些地市对社区教育的重视还不够,在经费保障、办学场所、设备投资以及队伍组织、资源开发上存在不足,社区教育的机制还不完善,一定程度上影响了社区教育的教学效率和质量。社区居民对社区教育的认识不足,参与社区教育的积极性不高,对社区教育的认同感不强,对社区教育的满意度不高。

从目前情况来看,省级层面上的社区教育联席会议制度尚未形成,相关部门之间的协调机制尚不完善;社区教育创新能力和后劲不足,制约了社区教育的发展。在辖市区层面,全省各市社区教育呈现明显的发展不平衡状态,苏南、苏中、苏北在总体格局上呈现出三级等差。区县社区教育统筹指导能力不强,社区教育队伍专职人员偏少、高级职称比例偏低、年龄趋于老化等现象突出。

第三节 发展展望

进入到"新时代",我省迈进加快建设"强富美高"新江苏、推动高质量发展走在前列的新征程。教育事业宏观环境所面临的广泛而深刻的变革,对社区教育事业提出了新的更高要求。"十四五"期间,是我省社区教育向上发展、固本突破的关键时期。长三角区域一体化发展战略,对推动江苏社区教育新格局、形成新突破提出新要求。移动学习、大数据等现代信息技术变革,对社区教育发展提出新挑战。实现社区教育治理体系现代化、助力文明程度提升,对深化社区教育内涵建设标识了新方位。全省各级政府、社会组织、社区教育机构要牢固树立以人民为中心的思想,围绕国家战略和江苏经济社会发展需要,充分运用现代科学技术成果,积极投身江苏建设学习型社会和构建终身教育体系的宏伟实践,努力探索创建有效路径和重大举措,从重视规模建设转向高质量发展,全面提升社区教育质量和水平。

一、进一步完善运行机制

政府主体责任和统筹功能进一步强化,党委领导、政府统筹、社会各方共同参与的终身学习工作推进机制进一步完善。社区教育考核机制进一步强化,把社区教育纳入区域经济社会发展总体规划和考核目标。以建立江苏特色的社区教育质量标准与社区教育发展(指数)监测指标为抓手,促进社区教育发展与社会经济发展、居民需求相适应。

社区教育支持服务体系进一步完善,开放大学的领军责任不断强化,以开放大学为龙头的社区教育体系不断完善,社区教育发展更加均衡,社会各方参与社区教育的积极性得到进一步激励,政校企多元参与社区教育、公共教育资源为社区教育服务的奖励激励机制基本形成。

二、进一步强化老年教育

积极应对深度老龄化社会,江苏全省将坚持统筹规划、分类指导,促进城乡、区域协调发展,发挥网络、人工智能优势,促进信息技术与老年教育教学的深度融合,不断探索创新老年教育新模式。构建老年教育支持服务体系,改善社区老年人的学习环境,打造全国一流的老年教育支持服务网络平台。老年教育资源库、老年教育师资库不断充实,老年教育机构办学能力进一步提升,从而形成以江苏省空中老年大学、老年学习网、老年教育资源库为一体的老年教育综合服务平台。通过打造一批发挥示范作用的老年大学,建立一批养教联动基地,建设一批优质老年教育课程,打造一批优秀学习团队,形成一批老年教育品牌,不断提高老年教育的参与率与满意度,形成覆盖广泛、社会参与、资源融通、充满活力的现代老年教育体系。

三、进一步提升信息化水平

将信息技术深度融入社区教育、老年教育全过程,完善线上线下相结合的社区教育、老年教育新模式,这些必将成为社区教育的发展趋势。在省级层面上形成"江苏学习在线""江苏省终身教育学分银行""江苏老年学习网"三大平台联动机制,实现资源共享、学习支持和成果认定转化及管理服务一体化,实现信息资源有效共享。以"大数据"为基础的社区教育质量标准与评价方式的建立,将依托信息技术创新社区教育管理模式,建立科学规范的社区教育监测、统计制度和江苏特色的社区教育质量标准与社区教育发展监测指标,为宏观发展提供决策数据支持,并借助数据分析手段构建科学有效的分析——反馈机制,针对社区教育、老年教育教学过程提供精准服务,助力教学改革和教学质量提升,营造出以大数据管理为主的社区教育新生态。

第二部分

江苏省"十三五"社区教育百项大事记

2016 年

1月,江苏省教育厅发布《省教育厅关于公布2015年度首批江苏省级社区教育示范区、江苏省标准化社区学院、江苏省标准化社区教育中心和江苏省高水平农科教结合富民示范基地的通知》(苏教社教〔2016〕1号),确定南通市崇川区等23个地区为2015年度首批江苏省级社区教育示范区。

1月,《光明日报》1月27日第六版(教科新闻版)刊发题为《办一所真正开放的大学》的文章,重点介绍了江苏开放大学在老年教育、学分银行建设、社区教育等领域的进展和成绩。

1月,江苏省社会教育服务指导中心发布《关于开展首届江苏省社区教育优秀微课程评选的通知》(苏社教指〔2016〕1号)。

2月,镇江市京口区大市口街道、丹阳市延陵镇、润州区七里甸街道、润州工业园区荣获"全国社区教育示范街道(乡镇)"称号。

2月,江苏省委宣传部、省文明办、省文化厅、团省委、省妇联等13家单位联合下发《关于通报表扬江苏省文化科技卫生"三下乡"先进集体先进个人的决定》,江苏省社会教育服务指导中心被评为2015年度江苏省文化科技卫生"三下乡"先进集体。

4月,南京市鼓楼区《非物质文化遗产——南京绒花》获得"第二届NERC全国社区教育优秀微课程大赛"二等奖。

4月,常州开放大学依托常州"三宝"博物馆的梳篦工作室、白雪飞留青竹刻工作室、孙燕云乱针绣工作室和剔筠轩艺术工作室共同建立"常州市社区教育项目基地"。

6月,江苏开放大学首届老年学历教育毕业答辩工作顺利完成。文化产业管理(摄影方向)专业本科、摄影专业专科共19名老年学员参加了答辩。文化产业管理(诗词赏析方向)专业的张焕国(88岁)、许荷生(83岁)两位老人被授予管理学学士学位。标志着江苏在全国率先开展老年本科学历继续教育。

6月,江苏省社会教育服务指导中心办公室被江苏省教育厅评为"江苏省教育先进集体"。

6月,经国家新闻出版广电总局(新广出审〔2016〕701号)同意,《江苏开放大学学报》更名为《终身教育研究》(Lifelong Education Research),该刊是由江苏开放大学主办,面向终身教育政策制定者、理论研究者和教育实践者的专业性学术期刊,成为国内第一本公开发行的终身教育研究专业性学术期刊。

7月,由江苏开放大学、江苏省社会教育服务指导中心与江苏省成人教育协会共同主办的江苏省社区教育干部"科研能力提升"培训班在昆山市委党校开班。

9月,88岁高龄的江苏开放大学本科毕业生张焕国被评为江苏省全民终身学习"百姓学习之星",并被评为全国十大全民终身学习"事迹特别感人的百姓学习之星"。

9月,"南京市农科教讲师团"被中国成人教育协会评为特别受百姓喜爱的终身学习品牌项目。

10月,2016年江苏省暨南京市全民终身学习活动周开幕式在江宁市民中心隆重召开。

11月,苏州市教育局等十四部门联合发布《关于加强社区教育工作 推进学习型苏州建设的意见》(苏教〔2016〕7号)。

11月,南通开放大学老年学历教育本科班举行开学典礼,34名老年人成为真正的"大学生"。

12月,苏州市开展《苏州市终身教育促进条例》立法调研。

12月,江苏省社会教育服务指导中心发布《关于公布首批江苏开放大学"学习苑"立项名单的通知》(苏社教指〔2016〕29号),通过首批"学习苑"建设单位30个。

12月,南京市教育局关于印发《南京市社区教育目标管理考核标准(试行)的通知》(宁教职社〔2016〕35号)。

12月,省教育厅印发《关于公布2016年度省级社区教育示范区、标准化社区教育中心和教育服务"三农"高水平示范基地的通知》(苏教社教〔2016〕4号),确定南京市栖霞区等23个县(市、区)为2016年度省级社区教育示范区,南京市玄武区玄武门街道社区教育中心等205个社区教育中心为省级标准化社区教育中心,南京市六合区竹镇镇无公害林果生产示范基地等23个基地为省教育服务"三农"高水平示范基地。

12月,江苏省成人教育协会组织全省老年大学教材展示和优秀教材评比,评选出优秀教材118本,教材建设先进单位23家。

2017 年

3月,在江苏开放大学指导下,常州武进开放大学和金东方颐养中心共同筹建的"养教联动"基地顺利揭牌,成为全省首家"养教联动"基地。

5月,苏州市承办首届"社区学习共同体"发展国际研讨会。

6月,江苏省教育厅等十一部门发布《关于加快发展社区教育的实施意见》(苏教社教〔2017〕1号)。

6月,省教育厅印发《关于公布2017年江苏省教育服务"三农"高水平示范基地的通知》(苏教社教〔2017〕2号),确定南京市浦口区星甸街道赭洛山茶文化基地等19个基地为2017年度江苏省教育服务"三农"高水平示范基地。

6月,南京市发布《关于组建南京市终身教育专家库的通知》(宁终身教育〔2017〕3号),建立终身教育专家库,搭建起全市社会教育战略规划、课题研究、项目评估等咨询及服务的平台,为社区教育发展提供了智力支持。

7月,常州市出台《关于推进常州市社区教育集团建设的指导意见》(常终教〔2017〕5号),倡导社区教育集团化运作,依托常州工学院等8所普通高校、高职院校成立常州社区大学分校,打造社区教育联盟。

10月,由江苏开放大学、江苏省社会教育服务指导中心主办的江苏省首届社区摄影大赛启动仪式举行。

10月,江苏省社会教育服务指导中心启动主题为"赞歌献给党,喜颂十九大"的江苏省首届社区歌咏大赛。

10月,2017年江苏省暨徐州市全民终身学习活动周在徐州举行。

10月,江苏开放大学成功主办2017年江苏省全民终身学习活动周"新闻会客厅"。

10月,镇江市"润州'炫彩社区'大学堂"项目被中国成人教育协会评为全国"终身学习品牌项目"。

10月,镇江开放大学成功举办镇江市首届社区教育艺术节。

11月,淮安市社会教育服务指导中心成立,挂靠淮安开放大学。

11月,南京市建邺区沙洲街道社区教育中心报送的终身学习品牌项目"宣德堂"被评为2017年全国"终身学习品牌项目"。

11月,宿迁市首届老年学历教育本科班在宿迁开放大学举行开班典礼。

11月,盐城市"鹿鸣尚学堂"荣获全国"终身学习品牌"称号。

12月,江苏省社会教育服务指导中心印发《关于启动首批省级游学项目申报工作的通知》(苏社教指〔2017〕30号),江苏省社会教育游学项目正式启动。

12月,苏州市承办2017年第十四届海峡两岸终身学习峰会。

2018 年

4月,南京开放大学、建邺社区学院成为"全国社区教育数字化学习联盟"会员单位。

5月,江苏省社会教育"名师工作室"工程正式启动,江苏省社会教育服务指导中心印发《关于公布社区教育省级"名师工作室"申报结果的通知》(苏社教指〔2018〕14号),共61家单位获得立项。

5月,由江苏开放大学社会教育处立项制作的《江苏红色文化经典》登陆中宣部"学习强国"学习平台展播。

6月,以"出彩新时代 承担新使命"为主题的第二届全国社区教育青年论坛顺利举办。论坛由江苏省社会教育服务指导中心主办,无锡开放大学承办。

6月,江苏省教育厅印发《关于加快发展江苏教育老年行动计划(2018—2020)》的通知(苏社教〔2018〕3号)。

7月,宿迁市出台《宿迁市社区教育师资队伍建设实施方案》(宿教职社函〔2018〕7号)。

8月,苏州——铜仁社区教育研讨会暨对口帮扶培训签约仪式举行。

9月,江苏省社会教育服务指导中心开展了第四批联盟网站建设工作,新建16家联盟网站。

9月,以"改革新征程 社区新风貌"为主题的江苏省第二届社区摄影大赛举办。大赛由江苏省社会教育服务指导中心主办,无锡开放大学承办。

9月,以"赞歌致敬新时代 改革开放再出发"为主题的江苏省第二届社区歌咏大赛举办。大赛由江苏省社会教育服务指导中心主办,南京开放大学承办。

9月,以"庆祝改革开放四十周年书写'强富美高'新江苏"为主题的江苏省第二届社区书法大赛举办。大赛由江苏省社会教育服务指导中心主办,镇江开放大学承办。

9月,江苏省社会教育服务指导中心印发《关于"养教联动"基地建设的指导意见》(苏社教指〔2018〕33号)。

9月,由江苏开放大学、江苏省社会教育服务指导中心组织开展的首届江苏省社会教育(教学)成果奖获奖项目名单揭晓,共29个项目获奖。其中由常州市教育局、常州开放大学申报的"常州终身教育共同体建设实践探索"获得特等奖。

9月,江苏省社会教育服务指导中心印发《关于公布东西部结对名单及推进结对工作会议的通知》(苏社教指〔2018〕39号)。

10月,江苏开放大学、江苏省社会教育服务指导中心与陕西广播电视大学、陕西省社区教育指导中心推进东西部社会教育结对工作会在陕西西安召开。两省46家结对院校负责人参会。

10月,江苏开放大学被中国成人教育协会评为"2018年事迹特别突出的优秀成人继续教育院校(培训机构)"。

10月,淮安开发区与长春广播电视大学签订教育部社区教育"i-阅读"体验基地协议。

10月,2018年江苏省暨镇江市全民终身学习活动周开幕。

12月,"时代旋律——社区楷模"专题学习暨"奋斗在新时代——我与学习"主题征文活动举办。大赛由江苏省社会教育服务指导中心主办,常州开放大学承办。

12月,由江苏开放大学、江苏省社会教育服务指导中心主编、南京师范大学出版社出版发行的"社会教育与江苏实践"丛书(2017卷)正式出版。丛书包含《江苏社区教育发展报告(2015—2016)》《江苏社会教育品牌与创新案例集(2016—2017)》《江苏社会教育优秀论文集(2016—2017)》三册。

2019年

1月,江苏开放大学社会教育处被评为"2018年度江苏省文化科技卫生'三下乡'先进集体"。

3月,苏州市人大常委会调研苏州市终身教育立法工作。

4月,江苏开放大学、贵州广播电视大学社会教育协作推进会在贵州贵阳召开。会上签订了《校际合作框架协议》,4所市县结对院校分别签订了《社会教育协作框架协议》。

4月,联合国教科文组织"城市社区学习中心项目(CLC)"首批16个实验点名单公布,总项目组落户苏州,并在吴江区召开"终身学习理念下新时期社区教育创新发展研讨会暨城市社区学习中心能力建设项目开题会"。

4月,扬州市社会教育服务指导中心成立,挂靠扬州开放大学。

5月,江苏省教育厅印发《关于开展社区教育基础能力建设项目申报工作的通知》(苏教社教〔2019〕4号),启动全省社会教育品牌建设及老年教育资源库建设工程。

5月,江苏省社会教育服务指导中心发布《江苏省社区教育课程建设规范及江苏省社区教育通用型课程分类标准(试行)》(苏社教指〔2019〕12号),深入推进社区教育课程标准建设。

7月,省教育厅印发《关于公布2019年度省社区教育特色品牌项目和省老年教育学习资源库子库项目入选名单的通知》(苏教继函〔2019〕2号),评选出省级社区教育特色品牌建设项目16家,评选出省级老年教育学习资源库子库建设项目9家。

6月,江苏省委、江苏省人民政府印发《江苏教育现代化2035》(苏发〔2019〕15号)

9月,江苏开放大学召开以"融智·聚力·创新"为主题的2019年江苏省终身教育学分银行建设论坛。

9月,江苏开放大学启动全省开放大学系统社会教育服务能力建设调研及督导试点工作。

9月,《新华日报》以《传承红色基因,不忘教育初心——江苏开放大学让红色文化飞入寻常百姓家》报道了江苏开放大学社会教育、全民终身教育工作的开展情况。

10月,2019年全省全民终身学习活动周启动仪式在扬州邗江举行。

10月,江苏省社会教育服务指导中心成立暨"江苏学习在线"开通十周年系列庆祝活动拉开帷幕。展示了全省社会教育十年优秀成果,表彰了一批先进个人和团队。

2020 年

1月,无锡开放大学残疾人教育学院成立。

5月,江苏开放大学、江苏省社会教育服务指导中心印发了《关于举办2020

年全省社区教育系列大赛的通知》(苏社教指〔2020〕7号),持续开展社区朗诵大赛、书画大赛、摄影大赛。

5月,江苏开放大学、江苏省社会教育服务指导中心印发了《关于组织开展第二届江苏省社会教育(教学)成果奖评选的通知》(苏社教指〔2020〕8号),并发布了《江苏省社会教育教学成果奖评审工作管理办法》。本届共评选出一等奖10项,二等奖20项。

5月,金陵学堂项目入选《2019南京教育绿皮书》,南京市教育局编撰近5000字材料专题推介"金陵学堂"品牌项目。

6月,江苏开放大学、江苏省社会教育服务指导中心印发了《关于开展江苏省社区教育"十三五"工作总结暨"十四五"规划编制的通知》(苏社教指〔2020〕13号),正式启动相关调研和编制工作。

6月,在2019年度长三角地区社区教育微课评选中,镇江市选送的微课《下蜀"狮子头"》荣获一等奖,另有9项微课获奖。

9月,省教育厅印发《关于公布2020年度省社区教育特色品牌项目和省老年教育学习资源库子库项目入选名单的通知》(苏教继函〔2020〕2号),确认南京市玄武区社区进修学院"玄武社区学堂"等55个项目入选省社区教育特色品牌,南京市江宁区东山街道社区教育中心"文化艺术课程资源库"等12个项目入选省老年教育学习资源库。

9月,江苏开放大学、江苏省社会教育服务指导中心组织开展长三角老年教育办学优秀案例(江苏地区)征集工作,评选出20个案例报送并获奖。

9月,江苏开放大学、江苏省社会教育服务指导中心公布2020年江苏省社会教育学习体验基地及长三角市民终身学习体验基地名单。

9月,江苏开放大学、江苏省社会教育服务指导中心公布了"江苏省社会教育专家库"首批入库专家名单,2020年共有三批专家入库。

9月,苏州市举办首届社区教育教师能力大赛。

9月,镇江市"乐业象山——新市民职业培训""'科教惠民'村组行""戴庄'亚夫式'农业培训""镇江新区翰墨社""关爱儿童教育项目"等5个社区教育品牌获批立项为"江苏省社区教育特色品牌"。"老年运动与健康"学习资源入选"江苏省老年教育学习资源库子库"。

9月,扬州市举办社会教育特色品牌创建能力提升培训班,加强了社区教育特色品牌建设能力,有效提升社会教育工作者队伍的管理水平。

10月,江苏开放大学、江苏省社会教育服务指导中心开展了长三角地区社区教育、老年教育特色地方品牌项目遴选工作。

10月,盐城市大丰区草堰镇社区教育中心《授之以渔 扶之以智助力打赢脱贫攻坚战》被中国成人教育协会农村成人教育专业委员会评选为典型经验,在全国农村成人教育网站交流。

10月,为推动社区教育队伍建设,常州市教育局、人力资源和社会保障局联合发布《关于开展2020年全市中等职业学校教师中高级专业技术资格评审工作的通知》(常教人〔2020〕37号)。

11月,2020年江苏省全民终身学习活动周总开幕式在宿迁市举办。

11月,作为"2020年江苏省全民终身学习活动周总开幕式"观摩点,宿迁开放大学举办的"电商培训助力'双战双赢'"现场教学主题活动,以线上线下融合的电商培训和直播典型案例分享形式,实时线上互动交流,面向全省线上直播,当天直播的点击量达15万人。

11月,泰州市海陵区召开"幸福教育大会",会上解读了《泰州市海陵区幸福教育发展两年攻坚行动计划》,社区教育成幸福教育组成部分。

12月,江苏开放大学、江苏省社会教育服务指导中心发布了关于贯彻落实国务院办公厅《关于切实解决老年人运用智能技术困难实施方案的通知》的实施意见(苏社教指〔2020〕50号)。

12月,南通开放大学与南通市阳光养老集团"医养教"联合体战略合作揭牌仪式在阳光养老集团三楼会议室举行。

12月,连云港市社会教育服务指导中心在连云港开放大学成立,为全市社区教育的教育教学、专业建设、师资培训、理论研究、体系建设和政策咨询等提供服务与指导。

12月,"无锡市社会教育成果展示汇"活动在无锡教育电视台进行现场录制,活动由无锡市教育局主办,无锡开放大学和无锡市成人教育协会、无锡教育电视台共同承办。此次展示汇的主题为"凝心聚力夯实文明根基 砥砺奋进共创美丽无锡",展现了无锡市在"十三五"期间社会教育取得的新拓展、新成果。

12月,由江苏开放大学、江苏省社会教育服务指导中心主编,南京师范大学出版社出版发行的"社会教育与江苏实践"丛书(2019卷)正式出版。丛书包含《江苏社区教育发展报告(2017—2019)》《江苏省社区教育通用型课程建设指导大纲(选编)》《首届"江苏省社会教育(教学)成果奖获奖成果精粹"》三册。

12月,由江苏开放大学、江苏省社会教育服务指导中心编著,河海大学出版社出版发行的《长三角社区教育课程建设研究论文集》正式出版。对长三角地区社区教育课程理论与思考、区域探索与实践、老年教育课程开发与建设进行了讨论和研究。

12月，江苏省社会教育服务指导中心发布《关于表彰"十三五"及2020年社会教育先进集体和先进个人的通知》（苏社教指〔2020〕51号），授予南京市建邺区社区培训学院等26家单位"'十三五'社会教育先进集体"称号，授予邱静等26名个人"'十三五'社会教育先进个人"称号。

12月，江苏省政府印发《关于公布江苏省第十六届哲学社会科学优秀成果奖的决定》（苏政发〔2020〕106号），由江苏开放大学、江苏省社会教育服务指导中心编写的《江苏社区教育发展报告》获得三等奖。

第三部分

江苏省"十三五"
社区教育发展分报告

南京市"十三五"社区教育发展报告

一、社区教育政策保障和组织机构

南京市社区教育工作始终得到市委市政府高度重视,将社区教育纳入到全市加强终身教育体系和学习型城市建设的目标范畴,从全市社会发展的战略视角来做好全市社区教育工作的顶层设计和系列规划,形成了切实有效的领导体制与管理机制,并以相应的工作制度加以规范。发挥了政府在推进并加快全市社区教育发展中的主导作用,全市的社区教育工作形成了政府主导、教育行政部门主管的社区教育发展管理模式,形成了全市社区教育活动的计划、决策、指导、评价和表彰等管理环节的有机结合、全市多部门共同参与、多层级协力推进的工作格局,推动了全市各级各类社区教育机构面向各类人群的形式多样的教育培训与活动的开展。

(一) 基本管理体制

1. 完善的社区教育工作领导体系(见图 1)

"十三五"期间,南京市围绕既定的社区教育工作目标,结合新的形势、新的要求和新的任务,在已建立的全市社区教育工作体系框架内,市委市政府出台了一系列文件,相关部门出台配套措施。中共南京市委、南京市人民政府出台《关于深入推进教育现代化 努力办好人民满意教育的实施意见》(宁委发〔2016〕26号)、南京市政府印发《南京市"十三五"教育发展规划》(宁政办发〔2016〕155号)等,进一步明确了加快发展全市社区教育的"十三五"目标。南京市教育局也配套出台了《关于印发〈南京市社区教育目标管理考核标准(试行)〉的通知》(宁教职社〔2016〕35号)、《关于印发〈南京老年开放大学体系建设方案(试行)〉的通知》(宁教办〔2017〕17号)、《关于印发〈南京市高标准社区教育中心建设标准〉的通知》(宁终身教育〔2020〕6号)等 7 份文件。这些文件在"十三五"中期和后期得到了广泛的落实和实施,保障了全市社区教育事业发展的有效推进。

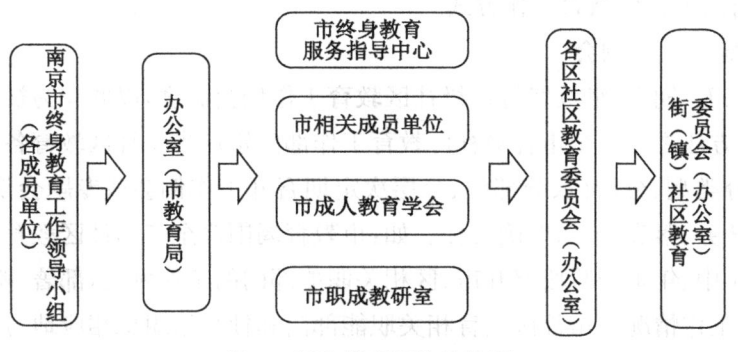

南京市终身教育工作领导小组（各成员单位） → 办公室（市教育局） → [市终身教育服务指导中心 / 市相关成员单位 / 市成人教育学会 / 市职成教研室] → 各区社区教育委员会（办公室）→ 街（镇）委员会（办公室）社区教育

图1　行政管理网络结构图

2. 健全的社区教育工作管理制度

（1）政府督导制度

"十三五"期间，南京市根据省政府《关于江苏省教育现代化指标体系》督导指标，每年对各区政府进行测评考核，南京市教育现代化发展的综合水平排在全省的前列。这项政府督导制度有力保障和推进了全市社区教育事业的发展。

（2）工作目标制度

设立社区教育工作计划、任务目标是开展好全市社区教育工作的基本管理手段，南京市每年年初都要以文件的形式下发当年全市社区教育工作要点，配套社区教育主要工作目标任务分解表，并要求相关部门和各区逐一加以细化和落实，有力地推动了全市社区教育工作向既定的目标前进。

（3）项目管理制度

南京市"社区教育工作项目化"已成为常态。以项目为抓手，通过各级实验项目的认领，提高社区教育覆盖面和参与率，推进社区教育深度发展。"十三五"期间，第四批20个市级社区教育实验项目于2017年进入实验阶段，经过两年的运行，全部结题。社区教育工作项目化开拓了各级各类社区教育工作者的思路，深化和推动了各地社区教育工作的特色发展，促进了社区教育内涵的提升。

（4）绩效考核制度

为进一步推进全市社区教育工作有效开展，市教育局细化社区教育目标管理考核标准，从组织管理、基础能力、队伍建设、重点工作、活动开展、经费保障、理论研究、信息化建设、督查机制、特色创新等十个方面强化目标管理，鼓励各区社区教育工作向高品质的社区教育方向发展，体现目标考核的导向性。如南京市在全省率先推出的南京市规范化社区学院建设，经过三年的努力，全市12家区级社区学院经过考核全部达标。

3. 有效的社区教育工作方式

(1) 定期工作例会

"十三五"期间,继续坚持市级社区教育工作例会制度,以此作为社区教育管理的工作方法之一。全市各级社区教育工作部门锁定当年社区教育各项工作目标任务,分类型、分阶段、分部门、分层次定期召开工作例会或专题会议,解读目标、分解任务、落实分工、明确责任。如:市教育局围绕全市的社区教育工作每年按年初、年中、年末分阶段召开市、区相关职能部门的工作例会,部署、检查、总结社区教育工作情况。市社区教育相关职能部门和社会组织也相应地对各自负责的项目和任务逐一进行细化与落实。

(2) 基层调研视导

全市社区教育逐级调研、视导工作已形成制度化、常态化。以市级的基层调研视导为例,"十三五"期间,市教育局每年都会组织专题性和综合性的社区教育工作调研,根据不同的工作项目、工作周期以及基层的诉求,数次深入到区、街道和社区,通过座谈、访问、察看、指导等途径,与基层的同志共商、共研,帮助基层排忧解难,推进社区教育发展。

(3) 部门分工管理

明确社区教育相关部门的工作职能,按照部门的责任分工,实现分类、分项管理,从而达到社区教育的各项工作有序开展和目标任务的有效完成。"十三五"期间,全市社区教育继续采取部门分工管理的工作模式,以市级部门分工管理为例,市终身教育服务指导中心分工负责全市社区教育业务工作的全面指导和服务,市成人和职业教研室分工负责全市社区教育的科研、实验项目、教师专业化水平的提升,南京市农科教讲师团负责全市教育服务三农、社区教育助力乡村振兴项目,市成人教育学会分工负责全市的社区教育部分项目、终身学习活动周及课题研究、成果评定等。

(4) 用好绩效评价

"十三五"期间,南京市采用"社区教育工作的绩效与专项资金挂钩,社区教育的成果展示与工作推进挂钩,社区教育的绩效评价与评优评先挂钩"的三挂钩方法,推进社区教育工作。提高专项资金使用效能,市财政在下拨社区教育专项资金后,对资金使用的合法性、有效性分周期、分阶段进行逐级跟踪测评,并实行责任追究制。全市将社区教育(终身学习)的重点或重大实验项目、课题、活动等集中或分散的进行展示,采用典型引路,推进社区教育工作。科学评优评先,市、区各级分别制定社区教育工作绩效考核评估指标,逐级考评,以考评结果来定人选。

（二）基本办学模式

1. 健全的社区教育办学网络

南京市加强社区教育机构建设，完善了市、区、街（镇）、社区四级办学体系，形成了1所市社区大学、12所区社区学院、102所街（镇）社区教育中心、1252所社区（村）居民学校的四级办学网络。在办学机构建设工作中，明确并强化社区教育机构的性质、职能和责任，作为提升社区教育服务能力的基础工作。在社区教育发展中，切实发挥市社区大学、区社区学院课程开发、教育示范、业务指导、理论研究的职责，发挥街道社区教育中心组织实施社区教育活动，指导社区居民学校工作的职责，发挥社区居民学校为居民提供灵活便捷的教育服务职责。

2. 明确的社区教育机构职能

南京市社区教育办学机构是以市社区大学（南京开放大学）为龙头，在理论研究、业务指导、队伍培训、项目合作、平台建设、资源建设等方面做好系统管理与组织协调工作。区社区学院（区开放大学）作为骨干统筹本区域资源，构建终身学习公共服务平台和支持服务体系，负责课程建设、教育示范、项目开发、理论研究、品牌创建、业务指导等工作。街道（镇）社区教育中心负责组织实施社区教育活动，完成上级布置的工作任务，指导居民学校开展工作。居民学校为社区成员创造学习条件，积极开展各类教育活动，培育各类学习社团和学习共同体，把社区教育办到居民家门口。

3. 规范的社区学院建设

2015年，南京市教育局制定并出台了《关于印发〈南京市社区学院工作规程（试行）〉的通知》（宁教职社〔2015〕23号），并在玄武区社区进修学院召开了全市社区学院工作推进现场会。2016年初，市教育局出台了《关于开展规范化社区学院建设和评估工作的通知》（宁教职社〔2016〕135号），计划在"十三五"期间，完成全市12个区社区学院规范化建设工作。"十三五"末，全市依托现有的社区教育四级办学机构网络，以市开放大学建设老年开放大学为引领，全面启动了区级老年开放大学规范化建设项目，并不断逐级向基层延伸，以适应和满足老龄化社会的老年人学习需求，至2020年已经覆盖全市12个区。

4. 发展理念下的社区教育办学新模式

（1）发展理念

南京社区教育经过20多年的实践探索，得到了长足的发展，南京市各区社区教育在发展过程中,不断更新社区教育的发展理念,形成了各自独具特色的社区教育理念,现归纳如表1。

表1 南京各区社区教育工作理念

	社区教育理念
玄武区	你一生的学习,我全程服务。你要学习什么,我就提供什么。你想在哪儿学,就能在哪儿学。你能怎么学,我就怎么教
秦淮区	愉快学习,幸福生活
建邺区	人文化、数字化、多元化、优质化
鼓楼区	有其学、优其学、乐其学、终身学
栖霞区	贴近生活、精品服务、幸福栖霞
雨花台区	服务、提升、共享
江宁区	满足居民教育需求、提升居民素质修养、提高居民生活质量、促进社区建设发展
浦口区	全员、全程、全方位
六合区	优化社区教育资源,构建终身教育体系
溧水区	发展社区教育,服务乡村振兴战略
高淳区	开放融合、深耕厚植、服务高淳
江北新区	以人为本、幸福教育

(2) 发展模式

在社区教育发展理念的引领下,探索形成了有一定规模、影响力大的社区教育发展新模式。如:玄武区及各街道均形成具有区域特色的社区教育发展模式;建邺区形成推进社区教育"专业化"发展的模式;秦淮区形成创新社区教育"三个"发展模式(以"民生工作站"为平台的工作运行机制、"小手牵大手""共建互赢"的新市民培训模式、以实验项目为抓手推进社区教育内涵发展的模式);雨花台区形成"领导挂帅,行政推动,横向辐射,纵向联动"社区教育发展模式。

(3) 探索社区教育联盟

南京市充分发挥成人教育学会的作用,整合各部门、各高校等成人教育机构作用,开展社区教育;全市各区也积极整合区域内社区教育学习资源,合力开展社区教育。南京市成人教育学会会长由南京市教育局副局长潘东标担任,学会每年协助开展社区教育管理干部培训、讲座、交流、考察、课题研究,开展全市全民终身学习活动周及其他学习活动,开展"金陵学习之星""社区教育优秀志愿者""百姓喜爱的全民终身学习活动品牌"培育、评比、表彰等。

各区探索整合辖区学校资源、社区资源、社会资源,跨领域合作开展社区教育。如玄武区建立了社区教育合作联盟,放大互助共享价值,在辖区内,建立了社区教育文化场馆合作联盟,充分发挥文博场馆的文化辐射作用;在省内牵头建立由玄武区社区进修学院、常州武进区社区培训学院、张家港市锦丰镇社区教育中心、金港镇社区教育中心参与的3D社区教育合作发展联盟,共同在社区教育开展全方位的合作交流,互相学习,共同提高。

二、社区教育经费投入

(一)经费投入

"十三五"期间,全市市区两级社区教育经费已经纳入政府预算,并实现逐年增长,为南京市社区教育发展提供了有力的保障。2019年市级社会教育专项经费已超过全市常住人口数的人均2元标准,全年经费达到1 800万元(按全市常住人口标准应是1 600万元左右,现已超过200万元)。建邺、江宁等区级财政经费超过人均4元,其他区也均不低于人均2元标准。一些街镇政府财政给予配套经费或专项经费用于社区教育事业。

教育主管部门社区教育经费投入的形式有:财政划拨、以奖代拨、费随事转以及省级创建项目专项拨款等形式。各区申报市级社区教育经费时,围绕社区教育工作目标任务,投入开展相关的培训、活动、创建、科研、建设等项目所需的经费,阐明项目执行简况、预期效益等情况,办理经费的申报、审核、下拨。

(二)经费管理

为保证各级财政下拨的社区教育经费合理合规使用,"十三五"期间,在资金的使用与管理方面,南京市建立了"南京市财政项目绩效跟踪运行监控"制度。按年度编制社会教育专项经费,从项目经费申请、经费使用项目编制、经费划拨流程(时段)、使用绩效跟踪及评价后偏差的整改等环节开展监管。市教育局制定了具体的社区教育经费使用经费管理绩效方案,并按此方案聘请第三方机构会计事务所按年度对各区社区教育经费使用情况进行跟踪检查。各区也制定相应的社区教育经费管理方案,对下拨的专项资金进行自我管理,真正发挥社区教育经费绩效考核的作用,充分保障社区教育事业的发展。

三、社区教育队伍建设

(一)专家顾问队伍

1. 组建各类创建评估专家团队

为了有力推进各项创建工作,市教育局从全市各区遴选了一批立足社区一线、有实践经验并工作卓有成效的社区教育管理人员,组建了"街道社区教育中心标准化建设评估指导专家团队""社区学院规范化建设评估指导专家团队""南京市社区教育实验项目视导专家团队""南京市教育服务乡村振兴战略评估指导专家团队"等,为推进全市社区教育规范化、专业化发展领航把关。

2. 聘请社区教育知名专家、教授组建顾问团队

聘请全国知名的社区教育专家、领导及高校教授对南京社区教育工作做专项指导、开设讲座、课题研究指导等。如,先后邀请中国成人教育协会社区教育专业委员会副秘书长庄俭、中国成人教育协会原副会长陈乃林等专家领导给全市社区教育管理干部作讲座、专题报告,为南京社区教育发展把脉指导;聘请华东师范大学教授、博士生导师、上海终身教育研究院执行副院长黄健,南京师范大学社会工作专业教授花菊香,南京师范大学教科院教授邵泽斌等指导南京市社区教育课题研究工作。

3. 组建南京市终身教育专家库

南京市为了搭建全市社会教育战略规划、课题研究、项目评估等咨询及服务平台,经市教育局同意,印发《关于组建南京市终身教育专家库的通知》(宁终身教育〔2017〕3号),遴选了一批经验丰富、立足岗位、服务全市的终身教育管理者、研究者及相关人员共计148名,组建了南京市终身教育专家库,为南京社区教育发展提供了智力支持。

4. 实施"金陵学堂——名师工作室"项目建设

南京市启动了"金陵学堂——名师工作室"项目,下发了《关于实施"金陵学堂——名师工作室"项目的通知》(宁终身教育〔2018〕16号)文件。经评审核准通过首批南京市"金陵学堂——名师工作室"建设单位10个,同时出台《南京市"金陵学堂——名师工作室"管理办法(试行)》(宁终身教育〔2019〕7号)。名师工作室项目的实施,汇聚了各区优质的社区教育名师资源,搭建了一个互相借

鉴、相互学习的工作交流平台,推动了南京市社区教育品牌建设,更好地展示和宣传了南京市社区教育的工作成果。

(二) 专职管理员队伍

专职管理员队伍指学校有编制或各级教育主管部门统一安排在社区大学(学院)或街道社区教育中心等社区教育机构的,长期(一年以上)专门从事社区教育管理的教师。

1. 队伍组成

南京市现有社区教育专职管理员队伍组成结构是"X+Y"模式,"X"是指由教育系统专门调配在市成人教育学会、市成人教研室、市社区大学、区社区培训学院、街道社区教育中心的教育系统内的专职管理人员。"Y"是指明确担负社区教育工作职责的每个社区社工1人(社教专干),他们在社区负责社区居民学校的教育教学管理工作,一般由街道人社部门或民政部门聘用管理考核,目前,南京市各区这部分人员在社区教育工作中的作用发挥还不平衡。据统计,截至2020年9月,南京市社区教育专职管理人员中"X"共计419人,"Y"共计1 562人。据统计,南京市社区教育专职管理人员配备比例"X"达常住人口(844万)的万分之0.5,且每个街道均配备1名以上专职管理人员,均超"江苏省社区教育示范区"指标;"X+Y"占常住人口比例达万分之2.35。

2. 队伍培养、培训

2016年"南京市规范化社区学院建设标准"要求:"学院具体负责部门确保至少4名以上专职人员,负责社区教育日常管理工作。学院负责本院及街道社教中心专职管理干部及教师的业务培训、业绩考核及工作评价。社区教育专职管理人员年培训率达90%以上"。自2011年以来每年组织为期4个月的市级社区管理干部培训班。同时,选派骨干教师参加全国、省级社区教育专题培训。市社区大学、各区也定期举办社区教育工作者专题培训及每月不少于2次的社区教育工作例会,以会代培不断提高队伍的专业化水平。据统计全市社区教育专职管理干部参加培训率100%,年培训课时数均大于40课时。

3. 考核、激励机制

南京市教育局明确要求街道社区教育中心专职管理人员实行区、街(镇)双重工作业绩考核。各区均制定了社区教育专职管理干部绩效考核方案。如玄武区、建邺区将街道社区教育中心专职管理干部的绩效考核由区社教办统一考核;每年社区教育教师评优评先指标单列;在社区教育岗位上成绩突出的也可提拔为校级领导。自 2016 年起,市教育局开始专门评选"南京市优秀社区教育工作者",此项评优已成为常态,每年评优。

(三) 专(兼)职教师队伍

专(兼)职教师队伍,指长期或不定期担任社区教育教学的教师。主要来源有四个:一是市社区大学下派在编教师不定期到区社区学院、街道社区教育中心、社区居民学校举办的培训班授课;二是学校外聘的教师;三是社区教育委员会成员单位的干部;四是社区居民。

1. 专职教师"一岗双责"

街道社区教育中心中专门从事社区教育工作的"一岗双责"老师,既是社区教育专职管理人员,也是社区教育专职教师。据 2020 年 9 月统计,南京市社区教育"专职教师"共有 989 人,占南京市常住人口(844 万)万分之 1.17,他们是来自各大、中、小学、幼儿园的骨干教师,其中教师编制 527 人,占 53.3%;聘用制编外教师 462 人,占 46.7%;在编专职教师中本科及以上学历占 46.5%;中学高级及以上职称达 41%;在编专职教师中年龄 50 岁以上占 56.6%。统计数据表明,南京市社区教育专职教师数量还不足(省社区教育示范区标准要求社区教育专职教师按常住人口万分之 1.5 配备),年龄结构偏老化,职称评聘通道还不够畅通。

2. 兼职教师多渠道组建

组建"南京社区教育讲师团"。南京市社区大学于 2016 年 9 月在全市社区学院体系内组建"南京社区教育讲师团"。目前,讲师团成员共有 204 人。讲师团成员来自政府机关、院校、社区教育中心、居民学校、其他社会组织的专兼职教师、能工巧匠、非遗传承人等。南京社区教育讲师团坚持统筹管理、规范建设,面向社区组织开展巡讲、师资交流等教育培训服务。

组建南京市教育系统"农科教讲师团"。2002 年,南京市教育局与金陵科技学院共同组建了南京市教育系统"农科教讲师团"(以下简称"讲师团")。讲师团拥有专家 117 人,以金陵科技学院教师为主体,南京农业大学、江苏省农科院等院所教授、学者为重要补充。讲师团以教育"助致富"为目标,对全市农民开展实用技术培训,按照"农民出菜单,街(镇)社区教育中心编菜单,区教育局汇总单,讲师团接单,市教育局埋单"的工作流程。十七年来,农科教讲师团免费开展送科教下乡活动,行程五十余万公里,相当于绕地球十二圈,足迹遍布南京市所有涉农街(镇),开展了包括现代种植业、现代养殖业、休闲农业等三大类四十多项项目培训，惠及十余万农民脱贫致富。南京市各区均建有"社区教育兼职教师资源库"。据统计，南京市现有社区教育兼职教师 5 194 人，主要来源于各类学校教师、大中专学生、科技人员、医务人员、非遗传承人、社区"五老"等。

（四）志愿者队伍建设

南京市各区均建有社区教育志愿者资源库，目前记录在册的有 38.76 万人，占常住人口比例 5.67%。南京市在社区教育志愿者队伍建设的实践中探索出以下三点经验。

1. 借助"南京教师志愿者联盟"平台，组建社区教育志愿者团队

南京市自 2013 年实施"南京教师志愿者联盟"项目以来，全市教育系统凝心聚智，积极奉献爱心和学识，以实际行动践行社会主义核心价值观，涌现出了一批有很好社会影响力的优秀组织单位、有明显活动成效的优秀志愿项目和有强烈社会责任感的优秀志愿者。

2. 培育和引导民间社团组织，打造社区教育志愿队伍生力军

南京市在全市范围内开展"培育和引导民间社团组织，打造社区教育志愿队伍生力军"的实践。通过广泛开展实验，深入了解到全市社区民间组织的现状；发现了社区民间组织在社区教育中的积极作用；培育了一批多样化、层次高、有奉献的志愿者团队；促进了社区民间组织由松散到紧密，由无序到有序，由低效到高效，由粗放到可持续发展的状态变化；提高了社区教育的参与度。

3. 社区组建特色志愿服务组织，助力南京"志愿之城"创建

南京市志愿服务队伍已经形成规模，实名注册志愿者人数在 5 万人以上的社会志愿服务协会组织达到 9 个；全市 11 个区成立的各类志愿服务组织和团队达 3 055 个，旅游、文化、教育、科普、卫生、体育、法律、心理、助残等行业领域的专业志愿者团队达 130 支。2016 年，南京制定《南京市市民文明素质提升 3 年行动计划（2016—2018 年）》，将"志愿服务氛围进一步浓厚"列入总体目标。2020 年统计，全市实名注册志愿者人数达 143.52 万人，占常住人口比例 17.46%。

四、社区教育数字化平台及资源建设

在南京市教育局的指导下，南京开放大学着力打造一个集课程学习、信息交流、资源管理、成果认证及社会服务于一体的覆盖全市的终身教育数字化学习系统平台——"南京学习在线"。截至 2020 年，网站注册用户逾 123 万，实名注册

用户约4万,总访问次数突破1 450万次,已成为南京市家喻户晓的大规模、综合类终身教育数字化学习平台。

(一) 数字化学习平台建设

"南京学习在线"发展建设目标定位在以下三个方面:一是集课程学习、资源管理、成果认证等功能为一体的开放共享的终身学习平台;二是全市终身教育学习资源建设及整合成果展示的平台;三是全市社区教育工作的信息化管理平台。

1. 平台体系与架构

"南京学习在线"由市、区开放大学(广播电视大学)主办,整合南京地区相关教育资源,构建终身教育支持体系,建立覆盖了全市12个区,且均为独立门户的学习站点,达到全市社区教育学习用户共享、学习资源共享,实现全市社区教育远程学习的统一调度管理。学习平台面向不同社会群体开发有针对性的系列电子教材和学习课程,为市民提供方便、灵活、个性化的学习支持服务(见图2)。

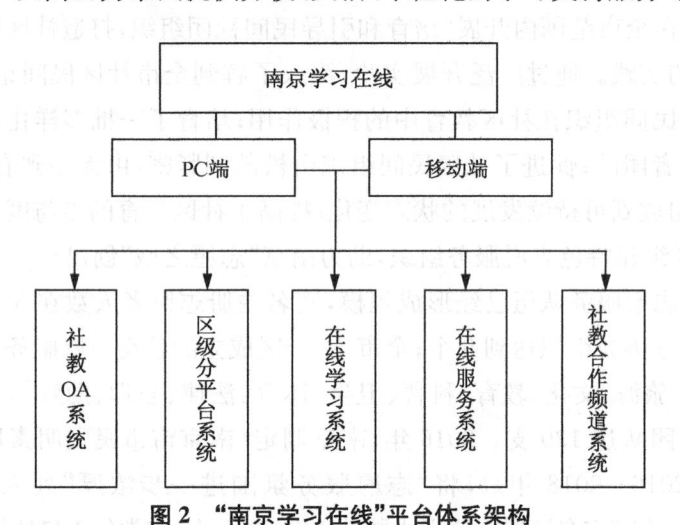

图2 "南京学习在线"平台体系架构

2. 学习平台主要功能版块

学习平台资源分布涵盖视频、图书、慕课、微课等基础性学习资源;功能模块含有:学习地图、培训超市、专题、考试等;专属频道有:母亲学堂、老年大学、积分商城、摄影频道;行政区划涵盖全市12个区。

3. "十三五"时期学习平台各项数据统计

截至2020年,全市12所社区学院都建有独立名称和域名的区级数字化学习平台，并承担起平台的管理和维护工作。其中使用"南京学习在线"二级平台的有9所：秦淮区、栖霞区、浦口区、六合区、溧水区、高淳区、雨花台区、江宁区、化工园区。自建平台的有3所：玄武区（博学玄武学习在线）、建邺区（建邺终身教育在线）、鼓楼区（鼓楼市民学习在线）。所有学习平台均具有实名注册功能，能为注册居民建立网络学习的电子档案，能够统计社区居民在线学习时间、学习测试结果。各社区学院在"南京学习在线"分平台上发布通信信息数量为4 000余条。

（二）课程资源建设

"十三五"期间，"南京学习在线"的资源数量和质量都获得了较大提升，目前，拥有慕课资源3 000门，视频资源7 000个系列共10万集，电子书资源5万余册，资源总存储量达31 TB。其中，学习平台永久资源数量为：视频资源12 000集、微课2 000集、慕课1 350集、电子书5万余册。

1. 学习平台资源体系及类型

全市学习平台以海量学习资源为基础，以地方特色学习资源建设为重点。将课程体系整合为适合社区教育多元化分类体系。其主要内容涵盖两个维度：知识体系和适用人群。自2015年学习平台升级以来，所有平台学习资源均采用云架构部署，实现多终端网络访问，解决了以往单服务器端流量及系统负荷的瓶颈问题。目前，学习平台可访问的资源类型包含视频、电子阅读、微课、慕课等四类。

（1）视频课程。视频资源7 000个系列共10万集，来源于全国高校、名师的授课，涵盖社区教育、终身教育、文化建设等方面的内容。学习资源分类完整齐全，满足社区居民多样化的学习需求。

（2）电子图书。学习平台拥有电子书资源5万余册，涵盖中图法22个大类。学习者可以通过类似纸书的阅读体验，享受开放式阅读，电子图书的突出特点为：资源丰富、快速检索、即刻阅读、正版授权。

（3）慕课资源。学习平台引进先进的MOOC（慕课）理念，提供国内外流行的MOOC资源，内容按照知识体系、适用人群和学科三个维度进行分类，课程数量达到3 000多门。

（4）微课资源。微课是针对特定的目标人群、传递特定知识内容的教学资源，非常适用于社区教育。对于学习平台今后的资源建设工作来说，是一个非常重要的建设方向。目前，学习平台拥有自主知识产权微课共2 000集。

2. 学习平台特色资源建设情况

"南京学习在线"着力深挖南京本地特色学习资源,通过与各区的协同配合、共同策划与制作,打造了一批具有南京地方特色的数字化学习资源。在近几年的特色资源建设工作中,其主要工作特点如下。

(1) 进一步丰富线上学习资源,加强本地资源建设。学习平台每年都推出一项或几项全市层面的特色资源建设活动,如:学习平台启动了"南京市2019年社区教育微课大赛",通过以赛促建的方式,收集南京市社区教育优秀微课资源;"金陵学堂"为南京市着力打造的社区教育培训项目,与各社区学院达成"培训共同组织、资源共建共享"的原则,采用"菜单式"合作,共同打造具有南京区域特色的社区数字化学习品牌项目。"十三五"期间,"金陵学堂"先后与玄武区、雨花台区、秦淮区、溧水区、六合区、栖霞区、鼓楼区、江宁区、建邺区、浦口区等10个区社区学院共同遴选特色社区教育课程,累计制作课程近500集。

(2) 打造"老年教育"品牌项目,建设老年特色学习资源。南京老年开放大学以健康养生、人文科技、艺术修养、休闲体育、生活雅趣等五大课程分类为指导,稳步推进老年教育课程及学习资源建设。目前,已自建课程15门,涵盖书法、绘画、摄影、智能手机、英语等课程方向,同步制作了微课资源近200集。南京老年开放大学直属班从2015年开始创办,共开设了书法、绘画、摄影、智能手机应用等7门课程16个班级。直属班年均招生近500人,累计培训25 000人次。为配合老年学员的线下学习,学习平台对老年大学线上学习频道进行了改造升级,智能手机、摄影和旅游英语三门课程采用上课录播,实现线上线下资源共享。

(3) 采用委托管理的运维模式,深度挖掘平台学习资源。学习平台采用委托第三方代为运营模式,平台运维团队结合时事热点和各类纪念日推送主题学习资源,每周2个专题,现有各类学习活动专题近300个。

3. 学习平台资源整合情况

"南京学习在线"与全市十二家区社区学院广泛开展资源共建、成果共享的同时,学习平台还在市级层面积极拓展,主动寻求多方项目合作,进一步整合相关社区教育学习资源。与南京市妇联合作开展线上"母亲学堂"项目,共同将"母亲学堂"打造成南京女性教育与学习的品牌;与市委组织部远程教育中心合作开展南京市党员移动学习项目,共享注册用户和学习资源;与南京市电教馆完成用户整合,合作共享全市中小学生注册信息基础数据库;与南京市信息中心合作将"南京学习在线"移动客户端的部分功能模块嵌入到南京市智能手机门户"我的

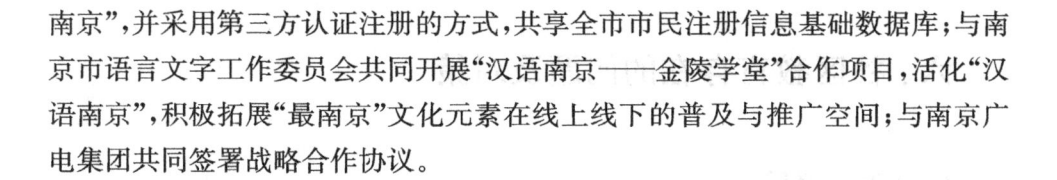

南京",并采用第三方认证注册的方式,共享全市市民注册信息基础数据库;与南京市语言文字工作委员会共同开展"汉语南京——金陵学堂"合作项目,活化"汉语南京",积极拓展"最南京"文化元素在线上线下的普及与推广空间;与南京广电集团共同签署战略合作协议。

五、社区教育课题及研究

南京市拥有一支强有力的社区教育科研队伍,这支队伍里的成员包括社区教育管理者、社区教育专职教师、社区教育兼职教师和社区教育志愿者。这个群体约有100人左右,平均每人每年在刊物上发表3—4篇文章,平均每人都参加了一个课题研究。

"十三五"期间,承载南京市社区教育课题研究的载体主要有以下三种形式:一是社区教育实验项目,2016—2020年期间,南京市开展了第三期和第四期两期社区教育实验项目的研究,各19个,每期周期为两年;二是南京市社会教育"十三五"课题,2018年5月,南京市组织申报,最终37项课题获得立项,并于2020年全部结题。南京市还承担了国家级、省级课题36项,也均已经结题;三是《南京终身教育》期刊,设置了"社区论坛""品牌项目""学习之星""培训之窗""文化传承""教育惠民""志愿服务"和"校外教育"等栏目,发行到全市12个区的社区学院、102个街道社区教育中心和1 252个居民学校,为宣传终身学习理念,推广社区教育经验,发挥了重要作用。2016—2020年期间,南京市各区发表的社区教育论文845篇。

南京市社会教育"十三五"课题总计37项,研究内容除少数是关于宏观的问题外,其余大多是微观的。大致可分为六类:一是老年教育课程开发类;二是乡土教育资源开发类;三是社区教育资源共享类;四是新市民教育类;五是志愿者队伍建设类;六是利用民间社团开展社区教育类。一项课题研究时间为两年,为了确保课题研究路径的正确,南京市职教(成人)教研室制定了"课题研究中期检查"制度,该制度规定:在课题研究一年后,开展中期检查,在检查时,专家组将查看各课题组的研究状况,并提出指导意见,课题组接到《中期检查意见单》,对课题研究的方向及时作出修改。此项制度的实施,为课题研究的顺利结题,铺平了道路。

六、社区教育存在的问题及对策

(一)基本经验

1. 社区教育制度保障日趋完善,彰显发展能力

全市坚持法规和管理制度,保障推进工作,从顶层设计、规划引领、制度规范等方面入手,在政府督导、工作目标、项目管理、人员培训、绩效考核等方面为社区教育工作的开展营造良好的制度环境。南京市积极推动终身教育地方立法,结合"十三五"市级社会教育重大课题《南京市终身教育立法研究》的开展,做好立法前期调研,形成调研报告,为市委市政府提供《南京市终身教育促进条例(草案)》,促进南京有关地方法规出台。

2. 社区教育实验区(示范区)全域覆盖,彰显发展合力

全市现有国家级社区教育示范区4家(鼓楼区、玄武区、建邺区、秦淮区)、国家级社区教育实验区2家(江宁区、雨花台区),12个区全部成为省级社区教育示范区,社区教育的网络体系构建、终身学习平台建设、特色课程建设以及社区教育能力建设等方面已经发展到了一个新的高度。全市形成了社区教育"党政统筹领导、教育部门主管、有关部门配合、社会积极支持、社区自主活动、群众广泛参与"的基本管理体制与运行机制,逐步实现了社区教育由政府主推到政府与社会各方面共同组织的工作格局。

3. 社区教育机构建设持续推进,彰显发展实力

在市教育局职社处领导下,市终身教育服务指导中心、市成(职)教教研室、市农科教讲师团、市成人教育学会工作职责明晰,工作机制完善,在指导基层社区教育工作方面发挥了重要作用。各区及街镇社区教育办公室发挥统筹领导、资源整合、队伍管理、绩效评估等作用。社区教育办学机构进一步规范,社区学院规范化建设、高标准社区教育中心提升工程(全市102个社区教育中心全部达到省级标准化社区教育中心)、标准化居民学校创建等措施有力有序推进,优化三级管理(市、区、街镇)、四级办学(市、区、街镇、社区),提升社区教育服务能力。以南京市社区大学(南京开放大学)为龙头,各区社区学院为骨干、各街(镇)社区教育中心、各社区(村)为基础的四级社区教育网络体系建设得以进一步强化,持续推进市、区、街(镇)、社区四级老年开放大学体系建设,加快推进开放大学办学体系与社区教育网络体系融合发展。

4. 社区教育特色课程适用性开发，彰显发展潜力

强化社区教育核心能力建设，适用性开发社区教育特色课程，借助"金陵学堂"的品牌打造，借助南京学习在线以及区社区教育数字化学习平台的有力建设，市区联手合理制定课程指导纲要、课程建设标准，科学把握课程建设定位，开发各具特色的终身教育课程教材和网络学习课件，建设终身学习资源网上超市，积极构建网上交流互动和数字学习共同体，实现数字学习惠民。

5. 社区教育OA管理平台上线运营，彰显发展活力

南京市已建立了一支素质较高、相对稳定、专兼结合的社区教育工作者队伍，并多方发力，全方位提升专职教师的理论水平、管理能力、服务质量。"十三五"期间，南京社区教育OA管理平台正式使用，大大提高了社区教育管理信息化水平。通过网上政策指导、业务培训、工作呈现、数据统计、绩效评价，运用大数据，建立健全培训及评估、考核等管理制度，逐步提升社区教育工作者的专业化水平，使之成为全市社区教育工作的"得力助手"、社区教育工作者的"网上家园"。

6. 社区教育特色品牌创新发展，彰显发展魅力

创新发展了一批社区教育特色和品牌。南京社区教育数字化学习平台——"南京学习在线"品牌效应进一步扩大，各区社区教育数字化学习平台有效对接，开发了一批具有南京地域特色的数字化学习资源，为数字化学习型社区建设奠定基础。推出"金陵学堂——名师工作室"项目，深度发掘并合理施策发挥全市潜在社区教育优质名师资源作用，谋划优质名师课程"进街道、进社区"，实现线上线下精品课程开放共享。广泛开展各类学习型组织建设，出台南京市终身学习活动品牌标准及南京市终身学习活动品牌评估指标，通过每年培育、评比，发挥品牌的示范引领作用。"十三五"期间，南京市共培育了"全民终身学习活动品牌项目"市级49个、省级14个、国家级8个，其中，国家每年评选10家"特别受百姓喜爱的终身学习活动品牌项目"，南京市获得4个。

（二）存在的问题及对策

1. 存在问题

（1）社区教育区域发展还不够平衡。南京市有城区和郊区，受经济、文化和观念等多方面因素的制约，城郊之间存在差异。加之管理体制的不同，开展工作的形式和力度都不尽相同。虽然12个区都已成为省级及以上社区教育实验区（示范区），但存在着区委区政府重视程度不同，有的区财政经费投入没有完全达

标,区教育主管部门具体工作措施不够得力,致使有的区社区教育工作发展进程缓慢。

(2) 缺乏适应新时代的社区教育专业队伍。全市社区教育机构健全,但是专职教师数量缺乏,主城区各街道仅有1至2名专职管理人员或教师,而郊区各街道虽然有10人左右专职人员,但大多数是从普通教育调剂过来的非专业人员。不管是城区还是郊区,其管理人员或专职教师无论是教育观念、理论素养、专业结构、能力素质、科研水平,还是管理能力和服务水平等还不能完全适应新形势下的社区教育发展。

(3) 课程体系化建设水平有待提升。"十三五"期间,南京全市上下努力,通过自建、共建、转化、集聚等方式探索多样的社区教育课程资源建设。但"线上线下、互联互通"的社区教育课程资源配送体系尚未完成构建,课程体系化建设能力水平仍有待提升。

(4) 各类教育资源的整合开放程度还不够。社区教育的发展,需要整合社会各类教育资源共同托起这一事业。但目前整合力度还不够,社会各类资源之间不能充分进行整合,如行业之间、团体之间、学校之间、专业之间、学习者之间的流动转移非常困难,造成了教育资源的开放共享和服务社会的能力与方便市民终身学习的总体要求不符。

2. 对策

(1) 顶层设计,推进社区教育新发展。"十四五"期间,南京市社区教育工作将进一步贯彻十九大精神,落实国务院《中国教育现代化2035》、教育部等九部门《关于进一步推进社区教育发展的意见》和省教育厅等部门《关于加快发展社区教育的实施意见》等文件要求,着力构建南京地区服务全民的终身学习体系,推进南京终身教育地方立法进程,统筹布局全市社区教育,鼓励各区发挥区位优势、创新发展、特色发展、错位发展、内涵发展,市区协同推进。加强实验区、示范区建设,充分发挥其示范引领作用,推进城乡社区教育均衡发展,推动社区教育融入社区治理。

(2) 制度保障,加强队伍建设。落实教育部《社区教育工作者岗位基本要求》,建立健全社区教育人员准入制、岗位责任制,建立健全培训、评估、考核等管理制度,培养结构合理、素质优良、业务精通、专兼结合的社区教育工作者队伍。努力打通社区教育职称评聘和岗位晋级的通道,稳定现有的社区教育专职队伍。

(3) 示范引领,构建课程体系。发挥全市学习平台——"南京学习在线"、全市学习品牌——"金陵学堂"等示范引领作用,调动市、区两级积极性,开发各具特色的网络学习课件和终身教育、社区教育课程,为市民团队学习、个性化学习、网络学习提供支持服务。建立各类社区教育项目的课程标准、绩效评价、配送制度及学习成果评估标准,切实提高社区教育的实效性和满意度。

(4)资源整合,共享生态教育。继续发挥市、区开放大学及中职教育学校的资源优势,为市社区大学、区社区学院提供场地、师资、课程、信息技术等资源,更好地服务社会。整合社会教育资源,建立各类社区教育基地,形成社区教育共同体。发挥社会组织作用,培育社会学习点,凝聚各类学习型组织(团队),积极开展社区教育。通过整合教育资源,汇集社会各方力量,形成协同推进社区教育发展新生态。

(5)数字学习,变革教学方式。充分发挥"南京学习在线"及各区数字化学习平台的资源作用,建设终身学习资源网上超市,强化线上线下、互联互通,推进有效资源推送、学员自主选课。借助手机端定制专属功能,开辟"微课程、微学习"的新路径。完善区域数字化学习形态发展的持续推进机制,培育数字学习共同体,实现数字学习惠民。

(6)夯实基础,提升教育品质。完善管、办、评相分离的社区教育质量保障体系,不断提高社区教育服务品质。强化区社区教育办公室(教育局)行政管理职能,强化社区学院的区域内统筹指导服务功能,建设一批高水平示范性社区学院,建设一批示范性高标准社区教育中心。进一步发展城乡社区老年教育,推动各类学习型组织建设,促进城乡社区教育协调发展,探索南京市社区教育新方法、新内容、新路径、新模式,打造新时代区域社区教育发展的新业态、新格局。

供稿单位:南京市教育局、南京市终身教育服务指导中心

无锡市"十三五"社区教育发展报告

一、社区教育政策保障和组织机构

在推进无锡市学习型城市建设过程中,由市领导领衔、多部门参与的无锡市学习型城市建设工作领导小组发挥领导和协调作用。无锡市持续推进社区教育管理体制机制建设,依托无锡开放大学(无锡市社会教育服务指导中心)进一步完善了"市级开放大学—区(县)级社区学院—街道(乡镇)社区教育中心—居(村)民学校"四级社区教育管理体系,社区教育管理服务网络已形成。该网络立足基层,开展了一系列有特色的活动,打造了一批有影响的社区教育品牌,有力保障了社区教育工作地开展,有效推动了学习型城市地建设。

(一)基本管理体制

无锡市按照"十三五教育发展规划"设计图、路线图,在更高层面顶层设计社区教育体制机制。2018年底,无锡市召开全市教育大会,出台了《无锡市深化教育体制机制改革的意见》,明确规定无锡市社区教育的人员保障和经费投入的政策,为有效破解新时期社区教育工作难点问题取得了新突破。同时,《无锡市终身教育促进条例》立法列入了无锡市十六届人大常委会立法的重点调研项目,市人大常委会将根据立法规划要求,适时开展项目调研,精心做好立法前的相关准备工作。

(二)基本办学模式

以开放大学为龙头、各县(市、区)社区学院为主体、街道(乡镇)社区教育中心为骨干、社区(村)居民学校为基础的四级社区教育服务网络,通过基层居民学校贴合百姓需求广泛开展各种形式多样的学习活动,街道(乡镇)社区教育中心在街道区域内统筹管理,社区学院为街道社区提供师资、科研等支撑,开放大学整合多方资源牵头抓总,四级体系形成合力,有力保障了社区教育工作的开展,有效推动了学习型城市的建设。

江阴市、梁溪区（原崇安区）被评为全国社区教育示范区，宜兴市和新吴区成为全国社区教育实验区，其余区也都建成省级示范区。全市所有街道（乡镇）社区教育中心已通过省级标准化社区教育中心验收，达标率为100％。所有社区居民学校100％全覆盖并达标省级标准化居民学校。打造首批5家无锡市教育现代化示范性居民学校，建有宜兴丁蜀、江阴周庄等四家江苏开放大学"学习苑"、吴都阖闾城遗址博物馆等三家省社会教育学习体验基地以及"吴文化游学基地"。

（三）基本特点

1. 无锡开放大学主动发力，创新社区教育发展路径

自2016年无锡开放大学承担社会教育服务指导中心职能以来，在市教育局的领导下，面向全市社区教育、农村教育、成人教育、老年教育、民办非学历教育等领域，在理论研究、业务开展、资源建设、信息咨询、人员培训和成果展示等方面提供服务指导和管理支撑。社会教育服务指导中心积极打造数字化终身学习平台，建设学习资源库，连续四年组织社区教育管理干部研修班，建设社会教育师资库，开展各类学习创建活动，营造终身学习氛围，树立社区教育品牌。

2. 县（市、区）各部门齐抓共管，建立社区教育协调机制

各县（市、区）均成立了区级社区教育管理领导机构，统筹区域各方面工作。江阴市社区教育由政府统筹负责，成立社区教育委员会，教育部门归口管理，分设社区教育分类指导小组，教育、宣传、人社、科技、文化、体育、民政、工会、团委、妇联等部门积极参与，社会各方积极推动，市民自主学习，做到内外互动，形成合力，在市级层面，江阴市政府将开展社区教育活动列入对各乡镇（街道）精神文明考核内容之一。滨湖区各乡镇（街道）拓展功能，资源共享，依托"江苏学习在线"公共服务平台，构建网上交流互动和数字学习共同体，有效推进了线上线下相结合的社区居民学习活动，社区居民参与数字化学习的比例达到47.9％。同时结合地方特色，挖掘具有"滨湖印迹"的社区教育特色课程，形成工商文化、红色文化、旅游文化、吴文化等多项培训特色。

二、社区教育经费投入

随着国家、省、市等各级政府对社区教育的重视程度不断提高，无锡市社区

教育经费较之以往也有了较大增长。按照《江苏省社区教育示范区建设标准(试行)》第七条要求:"县(市、区)政府对社区教育的财政拨款按常住人口测算,每年人均社区教育经费:苏南不低于4元……并逐年有所提高。"无锡市各县(市、区)社区教育经费初步形成了"政府拨一点、社会筹一点、单位补一点、个人出一点"的经费保障机制,全市人均社区教育经费投入已经超4元,并不断加大对社区教育中心、居民学校以及各级老年大学(学堂)办学的支持力度,引导社会资金投入社区教育及老年教育,并加强对社区教育专项资金的管理,确保专款专用,惠泽百姓。

(一) 经费投入

无锡市全市人均社区教育经费投入已经超4元。市级财政保持每年投入市级社会教育专项资金300万元,加大对社区教育中心、居民学校以及各级老年大学(学堂)办学的支持力度,引导社会资金投入社区教育及老年教育。

各县(市、区)在确保社区教育经费不低于每年人均4元基础上逐年增加投入。惠山区建立了区、街道两级分别拨付社区教育专项经费的机制,区、街道两级财政按常住人口每年人均不低于4元的标准分别设立社区教育专项经费,并逐年有所提高,落实到位。2017年区、街道两级共拨款418.5万元,2018年区、街道两级共拨款428.9万元,2019年区、街道两级共拨款460.5万元,均已超过人均4元的标准(见表1)。新吴区逐年加大对社区教育的投入,从2017年起,新吴区教育局下拨至社区学院的社区教育专项经费由原先的30万/年增至112万/年,各街道社区也加大投入资金,目前总经费投入为1 885万元,社区学院建成总面积3 000多平方米、集成果展示、交流、学习、体验功能为一体的新吴区社区教育展示体验中心。

表1　2016—2020年度无锡各县(市、区)社区教育经费统计表

	江阴市	宜兴市	梁溪区	锡山区	惠山区	滨湖区	新吴区	经开区
总额 (万元)	4 630.36	3 427.52	2 568.20	1 839.11	2 131.64	1 458.67	12 260.67	147.05
年人均 (元)	5.63	5.36	5.36	5.21	5.97	4.70	4.74	4.33

(二) 经费管理

市、区两级都严格按照相关管理规定,对专项经费进行管理与使用。市财政

局定期对教育局下拨的社区教育经费进行专项审计。惠山区社区教育专项经费实行专款专用,服务社区居民。各社区教育中心开展青少年校外培训所获得的相关费用进行统一规范管理,用于改造基础设施和社区教育各项公益活动。滨湖区区级财政、街道财政按照标准落实保障经费,出台了《关于下发非义务教育学校经费预算支出定额的通知》等文件和规定,社区教育阶段经费按照省、市统一的标准全额纳入县(市、区)、乡镇(街道)财政预算,按统一的时间要求拨付到位,全区统筹,均衡发展,并逐年提高。社区学院根据全区常住人口数量,积极向县(市、区)财政局争取专项经费,确保社区教育正常运作。社区学院的各项经费收支严格执行国家财务工作的有关规定,根据各街道情况,督查街道财政所划拨街道社区教育中心校社区教育经费,指导各街道合理使用社区教育经费。

三、社区教育队伍建设

(一) 参与主体

"十三五"期间,无锡市社区教育参与主体逐渐呈现多元化态势。普通高校、成人高校(其中以开放大学为主)、职业院校,教育、医疗、卫生、体育、文化以及各类组织等,或受政府委托或自发组织,或单独或跨界,通过资源统筹等方式,共同参与、推动社区教育。

宜兴市制定政策,确保稳定的师资队伍,明确规定"按占总人口万分之1.5的比例配足配好乡镇(街道、园区)社区教育中心的干部与教师",出台《宜兴市社会教育骨干教师评选认定方案(试行)》,重视社区教育师资队伍的多样化与灵活的流动性,充分利用社区丰富的人力资源,组建社区教育讲师团,使社区教育教师队伍结构实现多样化和灵活的流动性。锡山区社区教育着力打造一个相对稳定、敬业奉献、年龄优化的社区教育工作者团队,目前,锡山区已经建有较为完善的社区教育师资和志愿者队伍数字化信息资源库。惠山区社区教育主要由专职教师和聘用人员组成,全区有专兼职社区教育教师96人,其中41名教师是在职在编教师,其他为乡镇(街道)聘用人员。教师实行统一管理,实行绩效考核。

(二) 管理者队伍建设

无锡市社区教育按照社区教育四级管理体制设置,整合师资资源。各县(市、区)社区学院专职管理人员主要是在现有的教育行政管理人员和教师队伍中统筹安排，同时根据需求采用面向社会公开招聘的方式，建立了一支相对稳定、专业性强的社区教育专、兼职管理队伍。自2016年起，无锡市社会教育服务指导中心每年组织全市社区教育管理干部进行专业培训，以提升社区教育干部管理能力，强化社区教育带头人的作用，同时，无锡开放大学从校内选拔一批高质量、高水平、高层次人才从事社区教育工作，组建了一支较专业的社区教育管理、研究和服务队伍。

（三）师资队伍建设

无锡市依托现有各级各类学校和已有的社区教育专兼职师资队伍，建立了一支专职教师为骨干、兼职教师为主体的社区教育师资队伍，与市新时代文明实践指导中心资源同享，初步建成无锡市社会教育师资库，同时建立起了一支热心教育、乐于奉献、富有专长的社区教育志愿者队伍，形成志愿者队伍常态化管理，与专、兼职教师队伍形成互补，使社区教育质量更高、内容更丰富。

各县（市、区）坚持"专兼结合、专业化发展"的原则，通过"招一批、调一批、兼一批"的方式，建设了一支相对稳定、适应社区教育需要、具有高尚奉献精神的专兼职社区教育师资队伍，面向社区开展道德教育、职业教育、家庭教育、健康教育、法制教育、科技教育、未成年人教育、残疾人教育、老年教育和流动人口教育等。同时与市开放大学上下联动，通过共建社会教育师资库，使全市师资流动起来，更好地为社区居民服务。

（四）志愿者队伍建设

社区教育志愿者是社区教育活动的积极参与者、推动者、服务者，是满足社区多层次、多样化、多内容教育服务需求的基础力量。为扩大社区教育的普及面，无锡市各级社区教育机构依托辖区内各大院校、科研院所、企事业单位及各类社会组织、"五老"人员等，充分调动居民积极性，发挥其特长，广泛培育社区教育志愿者，建立起了一支热心教育、结构配套、数量足够、乐于奉献、富有专长的社区教育志愿者队伍，并建立了志愿者登记建库制度，不断扩大充实志愿者队伍。形成志愿者队伍常态化管理，与专、兼职教师队伍形成互补，使社区教育的内容更加丰富多彩。

四、社区教育数字化平台及资源建设

全市积极推进数字化学习,无锡学习网、江阴终身学习网、锡山学习在线等市、区级社区教育数字化学习平台,为社区居民提供了免费、优质、丰富的公共教育学习资源。

(一) 数字化学习平台建设

全市积极推进市、区级社区教育数字化学习平台建设,为社区居民提供了免费、优质、丰富的公共教育学习资源。老年远程开放教育也得到新的发展,推出《空中老年大学》《老干部荧屏党校》《健康大讲堂》等老年教育栏目,播出健康养生系列讲座和中国书法、山水画法等系列电视课程,受到了广大老年观众的欢迎。

江阴市整合社区教育网络资源,发挥"江阴终身学习网"的牵头作用。江阴终身学习网依托"江苏学习在线"综合服务平台,以项目联盟方式,继续建设和进一步完善拥有独立域名的"江阴终身学习网"学习联盟共建网站。江苏省社会教育指导中心负责提供对原有江阴终身学习网基本框架、通用功能模块、网站页面进行个性化改进设计并承担技术运维,向江阴终身学习网开放免费学习资源,自网站运行后,登录人数已超20万,网站访问学习量超过84万,网站已有各类视频课程4 466门。惠山区依托"江苏学习在线"建立"惠山学习在线","惠山学习在线"隶属于教育部"终身学习公共服务平台示范基地",现已拥有1.7万多个单元的免费课程资源。"惠山学习在线"微信公众号于2018年6月也正式开通,2018年6月,无锡市惠山区教育局正式成为"江苏学习在线"第四批联盟单位之一。惠山区还建立了两个专题学习网站,一个是"惠山区网上家长学校",另一个是"锡惠老年大学网",为惠山居民终身学习搭建了更多便利的学习平台,同时,各社区教育中心校均建立独立的网站。

(二) 课程资源建设

全市注重数字化课程资源的建设,通过开展市社区教育数字化课程资源评比,《江阴好中医》《太湖翠竹》等一批社区教育优秀课程脱颖而出。2018年,无锡市新时代文明实践指导中心落户无锡开放大学。目前,在全市建成275个新时代文明实践所、实践站,并推出一批社会教育课程,内容涵盖核心价值观教育、道德法制、现代生活、人文历史等方面,其中线上课程视频800个,线下课程276门,建设完成全市新时代文明实践指导中心网络平台,向全市市民提供线上线下的终身教育课程。

五、社区教育课题及研究

无锡市社区教育研究群体主要由高等院校教师、科研机构、行政部门及基层社区教育工作者构成。全市社区教育立项课题覆盖国家、省、市、区等各个级别。研究载体扩容明显,主要表现在社区教育研究在课题、专著、期刊等载体上发表数量明显增多,递增和影响力进一步提升。课题的研究方法注重采用实证方法(问卷、个案分析、测验测量等);采用归纳、演绎、类比方法和分类、比较、综合、概括等理论方法时,也注意到一些新的视角或视阈;论著的研究方法注重理论对实际的指导、提炼,更多关注了社区教育内涵建设的问题;期刊论文的研究方法仍以理论阐述居多,定量分析与实证研究等方法受到研究者追捧。

(一)研究增量与变化

无锡开放大学一直致力于无锡市社区教育实践研究。学校建设有无锡市社会教育研究中心,成立"无锡终身教育体系构建策略研究"课题组,研究探索无锡市学习型城市建设新路径,刘彬副教授领衔的刘彬名师工作室、乔维德教授领衔的"最美夕阳红"社区教育名师工作室和童元松副教授领衔的社区教育研究与实践工作室等被评为社区教育省级"名师工作室"。《无锡开放大学学报》更名为《无锡终身教育》,为社区教育研究搭建学术交流平台。"'1+N'模式下的无锡开放大学老年教育"获首届"江苏省社会教育(教学)成果奖"一等奖;学校共发表社会教育核心论文1篇、省级刊物论文20余篇,省级社会教育课题立项14项,1项成果获全国社区教育(青年)研究成果一等奖,一批成果在省市科研成果评比中获奖。

依托无锡开放大学成立的无锡市社会教育研究中心,邀请一批社区教育专家学者担任专兼职研究员,借鉴国内外社区教育的成功经验,科学谋划无锡市社会教育发展规划,着重研究无锡构建终身教育体系和学习型城市建设的路径与方法,为全市社区教育发展提供理论支撑和实践支撑。办好《无锡终身教育》杂志;每年对社区教育体系中的管理队伍和骨干教师进行培训,鼓励并协助教师申报省市级社区教育课题,提升科研与管理水平;定期举办全市社区教育(教学)成果奖的评选；定期举办社区教育论坛和专题讨论，切实提升社区教育内涵水平。

江阴市积极探索社区教育、构建学习型组织、建设学习型社会的相关问题，用课题研究成果指导社区教育实验和学习型组织建设，形成了近14万字的专著，在理论和实践两个方面取得了丰硕成果。社区教育、成人教育课题研究、课程建设成果斐然。目前，全市省级以上专项规划课题共11项。江阴市组织各乡镇（街道）社区教育中心开展社区教育案例研究工作，有11篇理论研究文章被省教育厅组织编写的《江苏省社区教育案例选》一书录用，体现了较好的社区教育理论研究水平。宜兴市出台《宜兴市社会教育教科研工作管理办法（试行）》，鼓励教师撰写论文，开展社区教育课题研究，2018年在江苏省成人教育协会组织的纪念成人教育改革发展40周年征文评选中，宜兴市社会教育有2篇文章获得二等奖，近三年全市完成无锡市级以上社会教育课题共计11项，其中宜兴开放大学申报的省级重点课题《县域数字化学习社区建设实践研究》研究成果先后获得无锡市社会教育成果特等奖、全国成人继续教育优秀科研成果二等奖，2016年申报的江苏省教育规划课题《基层开放大学社会培训功能的研究与实践》研究成果获得无锡市社会教育成果特等奖、全省办学系统优秀科研成果三等奖。

（二）研究群体、载体与方法

无锡市社区教育研究的热点主要集中在学习型城市建设、专职教师队伍建设、课程评价体系、社区老年教育、青少年校外教育、社区教育共同体建设等方面，更加关注党和国家的政策，如供给侧结构性改革等，同时也能结合各县（市、区）发展实际展开有针对性的研究。

梁溪区依托地区人才、科技、文化、历史、自然等教育资源优势，举措创新、效果明显、特色鲜明地构建区域终身学习服务体系，创新梁溪区社区教育运行机制，加强课程教材建设与学习基地平台建设，做到实践活动网络化、信息化、数字化，形成高质量、精品化、具有一定规模且群众满意度高、相对稳定且可持续发展的战略项目和品牌项目。惠山区充分发挥区社区培训学院和长安社区教育中心张伟名师工作室的作用，广泛开展全区教科研工作，建立课题研究的长效机制，出台惠山区社区教育研究管理办法，在每年的学校年度办学水平中明确考核要求。滨湖区在老年教育顶层设计上进行统筹、改进和完善，寻找城市转型过程背景下老年教育科学、高效的工作路径，提高教育服务管理能力，推进老年教育工作更快、更好发展，着重了解滨湖区老年群体在城市转型背景下对经济和社会发展所发挥的作用，着力于解决滨湖区现有老年教育与区域发展脱节问题、老年群体对教育的实际需求、区域发展需要怎样的老年教育等问题。新吴区出台了《新吴区社区教育课题研究与管理意见》《无锡科技职业学院社会教育规划课题研究的实施办法》(试行)文件,以进一步提高社会教育课题管理的规范化、制度化、科学化水平,促进新吴区社会教育事业繁荣发展。

(三)研究热点及创新

为积极应对经济社会转型带来的挑战,抢抓历史机遇,实现跨越式发展,在现代社区教育理念引领下,在面向社会、面向社区、面向群众的前提下,无锡市正积极开拓创新、特色鲜明地构建无锡终身学习服务体系,创新无锡社区教育运行机制,创新教育培训形式与方式,加强课程教材建设与学习基地平台建设,做到实践活动网络化、信息化、数字化等多方面内容,形成高质量、精品化、具有一定规模且群众满意度高、相对稳定且可持续发展的战略项目和品牌项目。无锡市社会教育服务指导中心顺应实践规律,把握时代脉搏,拓展社区教育发展多元化渠道,是打通宣传群众、教育群众、关心群众、服务群众"最后一公里"的重要举措。

与此同时,无锡市紧跟社会热点,积极创新社区教育研究课题。梁溪区构建层级管理网络和制定区域管理条例,强化理论学习,凸显社区教育特色品牌建设的生长点,举行社区教育课题研究专题培训活动、通过多种途径组织培训,全面建设学习型社区。开辟社区教育优质品牌阵地、开展社区教育系列品牌活动。惠山区社区教育研究的热点在如何充分利用社会资源开展好青少年校外培训工作。另外,老年教育研究、社区教育学习共同体研究、社区教育产教融合研究也正成为研究的热点。新吴区紧紧围绕"新市民、新产业、新生活为特征研究"这条主线,确立"终身教育共同体研究""传统文化素养教育""互联网+背景下的社区教育"等一批有研究价值的课题,参与国家、省市级重点课题的申报立项,并在辖区内基层单位组织实施一批级社区教育课题和实验项目,开展理论和实践研究,全面提升新区社区教育的理论引领能力。

六、社区教育存在的问题与对策

(一)发展经验

1. 行政力量推动

无锡市委市政府高度重视社区教育工作，积极推进社区教育深入发展，全面加强组织领导，将社区教育纳入教育发展大局，落实经费保障，统筹协调推进，不断健全完善"政府统筹领导、教育部门主管、社会积极支持、社区自主活动、群众广泛参与"的管理体制和运行机制。无锡市政府、市教育局持续重视社区教育发展，从政策、活动、经费等多方面给予社区教育必要支持，将无锡社区教育纳入无锡市"十三五"规划大局，切实推动无锡社区教育快速发展。锡山区作为"江苏省社区教育实验区"，区委区政府始终将社区教育摆在重要位置，持续推进学习型社会建设，成立了由区政府分管区长任组长，区教育局主要领导、区政府办分管领导任副组长，各部委办局分管领导为组员的"锡山区社区教育工作领导小组"并明确了职责分工，出台《关于加快推进社区教育发展的实施意见》（锡府发〔2019〕29号），建立健全了"政府统筹领导、教育部门主管、相关部门联动、全社会积极参与"的社区教育工作运行机制。

2. 开放大学带动

无锡开放大学自转型发展以来，主动适应社会发展新形势、新要求，在无锡市教育局的领导下，积极承担为无锡市拓展社区教育的社会责任，将自身的发展融入至无锡社会发展全局，努力为无锡社区教育打通脉络、联通网络。无锡开放大学将社区教育进一步下沉至社区，理顺社区教育网络体系，已经形成无锡市社会教育服务指导中心、区级社区教育学院、乡镇（街道）社区教育中心、社区居民学校四级体系网络结构。目前，全市建成国家级社区教育示范区2个，国家级实验区2个，省级示范区2个，省级实验区1个。所有社区教育中心100%全覆盖，并且全部达标为省标准化社区教育中心。所有社区居民学校100%全覆盖，建设首批无锡市教育现代化示范性居民学校5个，2019年，无锡开放大学党支部、"名师工作室"与无锡市五家教育现代化示范性居民（村民）学校建设单位开展"党建引领社区教育双结对建设"，以深入社区基层，积极对接社区党建工作，发挥高校资源优势，为社区开展党建工作提供专业教学支持，做到全市社区教育网络阵地全覆盖，打通社区教育"最后一公里"。

3. 队伍建设推动

无锡市社区教育注重队伍建设，着力于培养一支结构合理、素质优良、精通业务、专兼结合的社区教育工作者队伍。进一步加强社区教育机构专职管理人员建设，建设一支专兼结合的社区教育教师队伍，建立一支素质较高、相对稳定的社区教育志愿者队伍。在师资队伍建设方面，依托无锡开放大学平台和高校资源，增强校内教师社区教育水平与内涵建设，持续打造一支"专、精、尖、全"的社区教育教师队伍,充分挖掘校内丰富的师资优势,积极推进师资转型战略,并面向社会聘用能者为师,吸纳优秀的专业人士前来任教,目前为止,已经初步建立起一支业务精湛、结构合理、特色鲜明的社区教育教师队伍;积极强化老年教育队伍建设,通过人才引进和专业培训,面向社会招募老年教育兼职教师,让专家学者、行业能手、居民达人等充实老年教育师资队伍,广泛发动志愿者参与老年教育事业,提升服务保障能力。宜兴市以社区培训学院的师资力量为基础,制定政策,确保稳定的师资队伍,宜兴市政府明确规定"按占总人口万分之1.5的比例配足配好镇(街道、园区)社区教育中心的干部与教师",同时鼓励各类学校教师积极参与社区教育与社区建设。梁溪区建立"培育兴趣——形成特长——担当骨干——成为行家"的"社工"和"义工"培育机制,建设一支人员相对稳定、素质较高、结构合理、覆盖面广、数量足够、业务过硬的社区教育骨干队伍。

4. 平台资源联动

无锡市整合社区教育资源,联通社区教育平台,推进社区教育与新时代文明实践活动融合发展。无锡市各县(市、区)社区教育中心主动承担组织起与新时代文明实践活动相关的主题活动,将无锡市社会教育服务指导中心与无锡市新时代文明指导中心这两大有力平台的丰富资源进行充分融合,互相借力,共同推进无锡社区教育深度发展。2018年,无锡市委宣传部、市文明办联合无锡开放大学成立全省首家地市级新时代文明实践指导中心。通过新时代文明实践指导中心,形成"新时代文明实践中心、新时代文明实践所、新时代文明实践站、新时代文明实践点"四级服务管理体系,统筹整合,初步形成新时代文明实践服务体系。新时代文明实践指导中心借力于无锡开放大学,充分利用高校资源,探究无锡社区教育理论建设,创新课程研究模式。指导中心建立首批新时代文明实践课程清单,在实际授课过程中,采取"课程点单"新模式,实现部分宣讲进社区理论零距离。指导中心负责理论宣讲师资配送,开展定期讲座和"点单"讲座,通过社区点单预约线下课程,理论宣讲教师志愿送教进社区,截至2020年8月,已有100余门课程走进社区,受惠群众达20 000余人,实现让科学理论、党的政治方针等往"实"里走、往"深"里走、往群众"心"里走。

(二) 存在的问题及对策

"十三五"期间,无锡市在推进社区教育工作中取得了一定的成果,同时,也存在一些客观问题。一是师资资源与优质课程资源还不够充分。推进社区教育,高品质师资与课程是有效的助推器,从目前的实际来看,一方面无锡市社教育师资的培养与课程建设还不够全面与充分；另一方面,从社区教育的教师师资来看,尽管各县(市、区)已经建设一批高品质的师资力量以及课程资源,但还不能完全满足社区的需求。二是社区教育管理与研究能力需进一步提升。目前,无锡市社区教育高校资源主要集中于无锡开放大学,而无锡开放大学在全市社区教育特色创新等方面研究还不够深入,协同有关部门共同推进社区教育的长效机制还没有充分形成,在对基层社区教育品牌创建与培育等方面的服务能力还不足。三是基地建设还需全方位打造品牌。无锡市在完善社区教育基地建设方面还存在一定的短板,如教育理念、教学手段、教学创新及现代化、智能化的场地建设等方面都还有许多不足,还需全方位不断改革创新,适应新时代全民学习、终身学习的新要求。针对以上问题,无锡市从以下四个方面着手,逐步改进社区教育中存在的客观问题。

1. 加强社会教育服务阵地建设

充分利用好无锡开放大学这一平台,整合学校与社区师资资源,发挥好无锡开放大学作为无锡市社会教育主阵地的重要作用。做好无锡开放大学引领的纵向四级社区教育网络建设的同时,打造"无锡市社区教育体验中心",加强横向网络建设,建设市民终身学习共同体、终身学习体验基地及社区教育优秀项目基地,与相关行业、协会合作,建设一批有无锡特色的非遗文化终身学习体验区,满足人民群众对美好生活的追求。

2. 开展社区教育理论研究

充分发挥无锡开放大学作为一所新型大学的科学研究的职能和优势,在体现时代特点、具有无锡特色的社区教育理论研究上下功夫,求突破。当前,无锡社区教育科研工作主要有以下三个方向：一是要深入研究经济社会发展趋势、人口结构和群众需求等新变化,结合社区教育发展要求,为全市社区教育发展提供理论支撑和实践支撑；二是要做好社区教育课程整合、推广与研发,提高社区教育课程的质量,积极建构富有域特色的社区教育课程体系,实现区域规定课程与社区自主课程有统有分,共性与个性共存,切实增强理论指导科学性；三是坚持科研先导,把握理论引领课题研究的总方向,开展案例分析与实验项目,鼓励街道研究开发教育资源课程,提升区域整体社区教育格局。

3. 加强社区教育内涵建设

一方面加强课程资源建设,开发、推荐、遴选、引进优质社区教育课程资源,推动课程建设规范化、特色化发展；另一方面,营造终身学习氛围,进一步举办好有影响、入人心的全民终身学习活动,逐步形成品牌项目,通过活动平台,让人民群众有展现出彩人生的机会,提高社区群众学习的覆盖面。努力配备一支稳定的社区教育师资队伍,并加强对社区教育人员的专业培训,加强社区教育共同体研究。

4. 优化老年教育办学格局

进一步发挥无锡开放大学乐龄学院以及市、区级老年大学的作用,同时在更多的街道、社区设老年教育学习点,特别是在城乡结合区等社区教育相对薄弱的地区设点,将高品质老年教育办到居民的身边,实现老年教育"开放大学办研修班,居民学校办特色班"的格局。同时,实现老年教育公共基础信息平台的联网,进一步加大老年教育线上线下互动学习课程的研发,探索团队学习、体验学习、远程学习等模式,创新学习方式,提升老年教育的品质,提高老年教育的覆盖面。

供稿单位:无锡开放大学

常州市"十三五"社区教育发展报告

一、社区教育的政策保障和组织机构

(一)基本管理体制

1. 加强组织领导,促进社区教育深入发展

在终身教育体系建设方面,常州市已经形成了独具特色的思路与模式,为终身教育共同体的培育与发展奠定了坚实的基础,提供了大量的资源。具体模式是:在政府部门的统筹领导下,在常州市终身教育工作领导小组的指导下,以"常州市社区大学—辖(市)区社区学院—街道(乡镇)社区教育中心—社区居(村)民学校"社区教育四级网络体系为主体,包括常州市图书馆、博物馆、科教城、名人名迹纪念馆等几十个终身学习服务基地与社区教育基地,由常州高校、高职校组成的常州社区教育高校联盟,以及社会组织、行业企业等单位、机构共同推进常州市终身教育。其中,社区教育四级网络体系覆盖了全市所有地域,各级都有独立的机构和规范的组织管理,是常州市终身教育体系的重要组成部分。各辖市(区)也建立了完善的组织管理体系,促进了社区教育的纵深发展。

2. 加强制度保障,创新社区教育运行模式

政策措施是开展社区教育工作的前提和保障,2015—2016年,常州市教育局出台了一系列关于社区教育的相关文件,《关于在社区教育机构进一步做好老年教育工作的通知》《常州市社区教育"十三五"规划》《常州市数字化学习先行社区(镇、街道)评估标准》《常州市数字化学习示范社区(镇、街道)评估标准》等文件,全面开展各类创建活动(创建学习型机关、学习型企业、学习型社区、学习型家庭等),着力营造"人人皆学"的氛围,对社区教育起到了很好的导向与保障作用。在此基础上,制定了《常州市社区教育工作考核意见》,每年对社区教育开展情况进行检查评估,将评估的结果纳入当地精神文明建设考核内容当中,从而提升社区教育的主导能力,使常州的社区教育形成了政府推动、社会互动、学员主

动的运行模式。

2017—2019 年，常州市教育局出台了一系列关于社区教育的相关文件，如《常州市社会教育通讯报道计分标准与评优表彰办法》《关于开展"科学家教社区行"公益巡讲的通知》《关于调整常州家庭教育讲师团成员的通知》《关于开展常州市示范性社区学习共同体认定工作的通知》《常州市示范性社区学习共同体认定标准》等。2019 年起，常州市教育局依托常州开放大学开展了常州市示范性社区学习共同体认定工作，制定了具体的评选办法与认定标准，在全省学习共同体建设方面走在了前列。

（二）基本办学模式

"十三五"期间，常州市不断完善终身教育体系建设，加快社区教育网络建设，健全全民终身学习服务网络，发展终身教育各项目标顺利完成。到 2019 年底，筹建了常州推进终身教育工作领导小组；成功加入联合国教科文组织建设学习型城市网络（GNLC）；创建国家级农村职业教育和成人教育示范县 3 个、国家级社区教育示范区 2 个、国家级社区教育实验区 2 个、省级社区教育示范区实现全覆盖。全市 61 所社区教育中心，其中 60 所为省标准化社区教育中心，达标率为 98.3%，社区居民学校 1 021 个，市级居民（村民）学校达标率为 96.77%。全市省级社区教育示范区实现全覆盖，每年新增省级教育服务"三农"高水平示范基地（含省农科教结合富民示范基地）2 个，总数已达 12 个；创建省级社区教育特色品牌项目 9 个；"常州公开课""小巷讲坛""瑞文有约—社区行"被评为全国终身学习品牌项目；城市与农村居民社区教育年参与率始终保持在 60%、40%以上。

以信息化为平台，改变居民学习方式。常州市大力推进教育信息化，有效利用信息通信技术和其他现代学习技术，改版升级"常州终身教育在线"网站，形成了"1＋7＋61"的终身学习站群系统，实现了常州市终身教育四级网络全覆盖。评选表彰一批社区教育信息化应用优秀街镇；开展移动图书馆应用试点，启动并完成"乐学龙城　学习地图"的开发应用，用地理数据信息服务市民学习。

以开放大学为引领，提升服务指导能力。常州开放大学作为常州市社区教育四级网络体系的"龙头"和终身教育推进的指导服务机构，为常州市社区教育的发展与终身教育体系的构建发挥了重要的引领作用。推进社区教育是政府政策引导下、服务全民学习的事业，意义重大。开发、统筹社会资源、满足市民终身学习需求，是常州开放大学的重要职责。

以资源整合为形式,深化社区教育内涵。常州开放大学整合社会力量,扩大资源整合,将常州八所高校、高职校纳入社区教育高校支持联盟。目前,组织开发了近千门社区教育面授课程,主要包括道德讲堂、文化素养、现代生活、教育辅导、职业技能、休闲娱乐等六大类,并积极实施送教进社区活动。目前,"常州终身教育在线"平台拥有 12 890 个视频教程,供常州市民免费注册学习。"乐学龙城"微信公众号每天对外发布常州终身教育最新资讯,其"学习地图"版块覆盖了常州的各大学习机构,为常州学习者提供了全面的学习信息。

以集团化发展为契机,打造社区教育联合体。2016 年 3 月,溧阳市教育局正式发文成立了"北山社区教育培训集团"。依托溧阳市产业发展需求,打造乡镇社区教育联合体,在探索社区教育互补共赢、集约发展的新路径基础上,先后组建了北山、长荡湖、南山三个社区教育集团,为当地农民和企业一线职工开展了公益性和服务型相结合的项目培训服务。常州市在全市层面推动社区教育集团化发展,目前,已成功认定 4 个社区教育集团。通过集团管理模式共建、培训资源共享、优势项目互补、师资团队互助的合作模式,进一步推动了社区教育工作,取得了较好的成效。常州市教育局、常州开放大学联合开展的研究课题"社区教育集团的建设模式探索"荣获第二届"江苏省社会教育(教学)成果奖"一等奖。

(三) 基本特点

社区教育是立足社区、面向居民、旨在提高生活质量和促进社区持续发展的社会化教育,是终身教育体系的重要组成部分,是建设"强富美高"新常州的基本途径和社会教育载体。多年来,在常州市广大社区教育工作者的辛勤努力下,在实践中逐步形成了若干鲜明特点。

一是以实现美丽幸福常州为目标,逐步建立起适应社区建设和居民学习需求的社区教育管理体制、运行机制,坚持以社区教育示范区为载体,多层次、全方位,由局部示范试行到全面推进,基本形成城乡协调、高位推进的新格局。

二是坚持重心向下,以强化乡镇(街道)社区教育标准化建设为基础,以建设省级标准化社区教育中心为骨干,构建多层次、立体化教育网络,建立公共学习平台及支持服务体系,形成职责分明的运作体系,夯实社区教育发展基础。

三是根据国务院和省政府关于调整常州市部分行政区调整的布局和推进城镇化、现代化的发展进程,坚持以城带乡、城乡联动,形成社区教育与经济社会协调发展的良好局面。

四是充分发挥开放大学、社区学院、示范镇的引领作用,以项目实验、课题研究、课程建设为抓手,突出重点,深化内涵,创建特色,打造品牌,彰显常州社区教育的品牌和特色;

五是坚持社区教育利民惠民宗旨,面向全体居民,以服务民生、满足居民需求为导向,不断提升居民的学习参与度、满意度,推进社区教育高位发展。目前,政府各部门积极推出全民终身学习项目,获得居民的认可。常州市教育局推出"教育惠民系列培训项目",并形成"走进职校""走进社区""走进企业"系列,认定30个教育惠民培训点和100个惠民培训项目。

二、社区教育经费投入

(一) 经费投入

继续加大投入力度,强化社区教育经费保障。"十三五"期间,常州市社区教育地方财政投入2 365.45万,开放大学投入175.34万,其他经费投入335.6万,总经费投入2 876.39万,常州市社区教育专项经费人均标准已超出了4元的基本投入标准。经费投入呈持续增加的态势,保证了常州市民获得终身教育的权利,为常州市社区教育事业高质量发展提供了基础保障。

升级经费组成结构,形成四元经费筹措机制。进一步完善常州市经费筹措机制,实现了由原来"各级政府拨一点,项目创建奖一点,社会赞助筹一点"的三元经费筹措机制向"各级政府拨一点,部门单位出一点,项目创建奖一点,社会力量筹一点"的四元经费筹措机制的升级。如溧阳市各镇配套相应的社区教育经费拨付、支持机制,改善社区教育的办学条件,投入200万元在所有村、社区建成远程教育站点,投入380万建成职业技术培训中心,投资20多万全新打造常州首家家政培训实操基地,填补全市规范化家政培训基地的空白。

(二) 经费管理

各辖市(区)社区教育委员会设立社区教育专项经费,有效管理,多点投入,保证了社区教育各项工作的全面有序开展。

标准化建设经费。"十三五"期间,钟楼区根据省、市创建要求及区社区教育工作计划,逐年推进省级标准化社区教育中心、全国社区教育示范街道、常州市数字化学习先行(先进)社区、常州市标准化居民(村民)学校等标准化建设,快速提高社区教育网络的建设水平,对验收合格的单位,均给予一定的经费奖励。

项目建设经费。"十三五"期间,武进区通过扶持一批民间学习组织,利用其分散在社区、居民学习便利、形式多样、活动丰富等优势,开展更多适合居民需求的社区教育活动,累计成立48家"武进区社区教育项目工作室"和3家"武进区社区教育示范工作室",并均给予5 000元—10 000元不等的经费扶持;围绕全国数字化学习先行社区的建设标准,立足武进区实际情况,建立《武进区数字化学习示范社区评估标准》。

队伍建设经费。"十三五"期间,常州市采取创新模式,不断充实发展社区教育专职工作者、社区教育专兼职教师、社区教育志愿者三支队伍建设。加强对社区教育师资队伍的建设,建立经费投入机制,分类分批对社区教育工作者进行培训和组织考察学习,提高社区教育工作者队伍的整体素质和工作能力。武进区各企业严格按照有关规定,列支职工工资总额1.5%~2.5%的职工教育培训经费,确保社区教育工作有序推行。

三、社区教育队伍建设

常州市社区教育队伍建设的参与主体主要涉及教育及其他相关行政部门,包括一些社会团体。其中地方政府是社区教育队伍建设的重要保障与组织力量。各辖市(区)正在建设一支以专职人员为骨干、兼职人员为主体、社区教育志愿者为主要力量,专兼职相结合的社区教育队伍。其中每个社区培训学院都配备了专门的社区教育管理队伍,每个街道、社区均配备社区教育专干,具体负责本街道、社区的社区教育工作。

(一) 管理者队伍建设

加强管理,完善队伍。常州开放大学作为社区教育四级网络的"龙头",在政府部门的统筹管理下,继续发挥终身教育学习中心(社区教育学院)、终身教育信息中心、终身教育研究中心这"三大中心"的指导服务功能,重点承担政府授权下的行政管理、统筹协调、资源建设、教育研究、评价推广等职能。

对于各辖市(区)来说,社区教育管理者队伍主要由社区教育工作委员会、社区培训学院、社区教育中心组成。社区教育工作委员会领导和管理本地区的社区教育工作。社区教育工作委员会通过每年召开工作会议,健全制度规范,研究部署全区社区教育工作,并通过不定期的督查、培训来强化对社区教育工作的管理。

不断充实，扩大队伍。依托常州市社区教育四级网络体系，目前，常州市拥有各级社区教育专职管理人员约500人，兼职管理人员上千人。通过整合协调常州市人社局等组织单位，积极发挥常州市终身教育工作领导小组的职责，开展了水平高、定位准的社区教育骨干培训；持续开展一年一度的全市社区教育管理干部培训、社区教育通讯员培训及各类社区教育培训。这些培训的覆盖面广、人数多、组织强、内涵深，促进了常州市社区教育管理队伍整体素质的不断提高。

（二）师资队伍建设

1. 社区教育师资配备情况

依托社区教育共同体，经过有力的资源整合与社会教育力的聚通，常州开放大学已经建立了包括600多名社区教育专、兼职教师的师资库，这些社区教育教师主要来源于社区教育高校支持联盟的高校教师、社区教育项目基地的社会各领域的专业人士（如法官、律师、医生等），还包括一些热心于社会服务的中小学教师。在政府及其授权单位的统筹协调与指导服务下，社区教育教师走进常州市各社区，积极开展"送教进社区"社区教育面授课程教学服务，内容包括文化素养、职业技能、现代生活、休闲娱乐、教育辅导等方面，同时线上提供大量终身学习资源供社区居民免费学习，从而实现了社区教育课程建设的广覆盖、深推进。常州市社区教育教师每年"送教进社区"次数近两千次，众多社区居民受益，提升了市民的整体科学文化素质与幸福生活指数。

2. 强化师资队伍建设的运行机制

加强组织考核。常州市社区教育师资队伍建设将考核评价机制作为管理机制的重要环节，充分发挥考核评价对社区教育教师的激励作用。从考核的内容来说，推进"事前—事中—事后"三个阶段的综合考核，在课前，加强对社区教育教师的相关教学材料准备的考核，如教案、教具、多媒体资源、教育组织形式等；在课中，组织社区教育管理人员对教育活动的开展进行过程性评价，并通过与社区居民的积极互动，及时接受学员对社区教育的反馈，掌握学员的学习情况；在课后，社区教育教师及时提交教学总结与反思，督促社区教育教师进一步提高社区教育教学水平。

创新培养机制。社区教育名师工作室与特色项目工作室是常州开放大学通过"制定制度—组建团队—确立方案—制定预算—开展活动（课程建设、教学实践、科学研究、项目打造）—宣传推广（新闻宣传、网络推广）—总结提升"等途径，建设社区教育资源、培养社区教育教师、打造社区教育特色成果,从而形成社区教育特色项目的示范、引领和辐射作用的平台,更是社区教育师资培养的有效机制。其特点主要体现在两个方面:第一,发挥工作室领衔人及成员的专业特长及资源优势,以项目研究为抓手,突出工作室团队的特色项目,打造有亮点、有实效的社区教育品牌项目;第二,以名师示范引领、团队共同成长的方式培养优秀社区教育师资队伍。特色项目工作室是优秀社区教育教师培养的孵化地和社区教育品牌项目培育的集聚地、发源地。

培育骨干教师。2019年11月,常州市举办社区教育骨干教师高级研修班。本次研修班由常州开放大学主办、江苏理工学院继续教育学院承办。全市50多位社区教育特色项目工作室领衔人及骨干教师参加了本次培训。本次培训的一大特色是专家讲座与教学示范相结合,旨在丰富专业知识的同时,增强社区教育教师的教育教学水平。本次高级研修班的举办,提升了社区教育骨干教师的素质与水平,推进了社区教育师资建设模式创新,加强了社区教育体制机制建设。

(三)志愿者队伍建设

"十三五"期间,常州市已经建立了一支人数达23.6万的社区教育志愿者队伍。通过注册登记、有效管理、加强培训,常州市的社区教育志愿者队伍建设正向规范化、专业化发展。常州市社区教育志愿者队伍结构多样、来源广泛,有机关团体工作人员、辖区内退休教师、社会工作者、社区工作骨干、企事业单位技术人员等,他们中有七旬老人,也有青少年。

四、社区教育数字化平台及资源建设

(一)数字化学习平台建设

1. 推进数字化学习社区建设

启动数字化学习社区建设工作,开展常州市数字化学习先行社区(镇、街道)的评选工作。组织专家制订《常州市数字化学习先行社区(镇、街道)评估标准》,建立督导评估制度,形成数字化学习先行社区的绩效考评机制。通过督导评估,促进各地区数字化学习及数字化学习社区建设科学、规范、可持续发展。"十三五"期间,常州市已成功创建数字化学习先行社区39个,数字化学习示范社区3个。

2. 完善终身教育数字化公共服务平台

结合常州开放大学信息化建设,整合辖市(区)开放大学、社区培训学院的远程教育基地和网络平台,充分利用常州市城乡社区综合管理和服务网络终端,构建覆盖全市城乡社区的终身学习服务平台。常州开放大学逐步完成常州市教育云建设项目;加快推进"常州终身教育在线"网站改版升级工作,加入了新的溧阳市古县街道,从而形成了覆盖市、辖(市)区、镇(街)"1+7+61"的终身教育站群系统,实现了社区教育效用的最大化。整合利用各种信息网络系统和服务平台,满足互联网、电视机、移动设备等不同终端人群的应用需求,引领市民数字化学习向优质共享方向发展。"十三五"期间,"常州终身教育在线"网站总注册人数超过20万人。"乐学龙城"微信公众号关注人数近两万人,公众号每天发布新信息。"常州终身教育在线"手机版于2018年11月正式开通上线,满足了现代市民的多种学习需求,提高了常州终身教育的覆盖面与受益率,更好地服务常州市民的终身学习。

3. 构建信息化建设和数字化教育的考核监督机制

常州市充分利用各类达标创建工作,加大对各级社区教育机构信息化建设和数字化教育的考核督查力度,同时把社区教育信息化建设纳入教育督导的重要内容,作为推进评价本地社区教育发展水平的评估内容之一。2017年起,常州市教育局将数字化学习应用推广纳入了镇(街道)年度工作考核体系,考核指标中涉及数字化应用的共有两条内容,一条是"做好社区教育通讯宣传工作,平均每社区(村委)每月不少于1篇新闻报道发布在区级或区级以上平台",一条是"推动数字化学习,数字化平台学习人数逐年提升"。

(二)课程资源建设

1. 社区教育公共课程

课程开发与实施是常州市社区教育工作的重要抓手。2009年起,常州开放大学每年推出100门左右的新课程。到2020年,常州开放大学广泛征集、遴选、编辑十期共1 050门常州市社区教育课程,并正式向社会发布,积极开展选课、送课、评课工作。目前,常州市已建成600多位教师组成的社区教育师资库。各市(区)通过"菜单点送"的形式,将课程直接送到居民家门口。配送课程服务以学员满意为服务宗旨,以课程配适为服务要求,重服务效率,重教学效果。课程内容丰富,主要包括文化素养、现代生活、教育辅导、休闲娱乐、职业技能等几类;教学形式灵活,既包括传统教师讲授形式,还包括调研、实际操作、观摩等形式。

常州开放大学每年组织社区教育教师赴各社区、各机构、各单位开展社区教育课程教学近两千次,基本实现所有社区全覆盖,众多居民受益。

2. 社区教育特色课程

家庭教育课程。常州市妇联、常州市教育局与常州开放大学联合成立社区家长学校总校,致力于提高社区(村)家长学校的办学质量和教学水平,让社区真正成为指导与服务社区家庭教育主阵地,成为发展社区教育,引导市民终身学习,促进学习型家庭建设的重要推动力量,同时带动和帮助其他类型的家长学校共同发展,为促进全市家庭教育工作整体提升贡献智慧和力量。自2018年起,常州市每年推出一期共50门社区家长学校家庭教育课程。目前,已经开发并发布了三期共150门家庭教育课程,受到了广大市民的热烈欢迎,引起了广泛而积极的社会影响。

新时代文明实践课程。为加强新时代文明实践中心建设,着眼凝聚群众、引导群众,以文化人、成风化俗,常州开放大学充分发挥了终身教育的管理、指导、服务职能,与常州市文明办携手打造新时代文明实践项目,课程开发是项目建设的核心。2020年4月30日,常州市新时代文明实践精品课程发布暨首讲活动于新北区龙虎塘街道社区教育中心举办。根据2020年《深化拓展新时代文明实践中心建设试点工作实施方案》,常州市文明办委托常州开放大学筹建市级新时代文明实践指导服务中心。常州开放大学通过组织协调、整合资源,开发了首批常州市新时代文明实践精品课程,安排送课到新时代文明实践中心。

地方文化特色课程。根据地域文化特色,各镇(街道)社区教育中心加强调查和搜集,注重开发地方文化特色课程,丰富地方特色文化。如钟楼区将地方文化资源按照"名人生平""名人故居""非物质文化遗产""现代文化产业"四大类进行梳理,组织有关专家和学者集中力量编写一批读本,形成钟楼地方文化课程;新北区的孟河镇社区教育中心开发了《齐梁文化》《孟河医派》《万绥猴灯》《青年楷模恽代英》《兰陵桥畔歌声飘》《读故事、学做人》《文选——精选手绘悦读书》等系列读本。

3. 微课程建设

每年常州市教育局均组织开展社区教育微课评选活动,七个辖市(区)踊跃参赛,推送优秀作品,每年评出优秀社区教育微课30门左右。以比赛促课程建设,以比赛促教师理念更新。同时,在社区教育特色项目工作室建设中,也将社区教育微课程建设工作纳入考核指标,常州开放大学组织相关评比活动,并将优秀微课程推送至"常州终身教育在线"平台。

五、社区教育课题及研究

（一）研究群体、载体与方法

研究群体逐步扩大。除了开放大学作为常州市社区教育的主要研究力量外，不断有高校的研究者加入到社区教育的研究队伍中，社区教育一线的教师也在社区教育实践的同时注重理论水平的提升，研究团队中也出现了90后群体，常州市社区教育研究群体在逐步扩大的同时，研究团队年龄结构更为优化。

1. 多平台促进成果推广

为了促进社区教育研究成果的推广，常州市终身教育学会自2000年起，每年均拨出专项经费用于组织并奖励社区教育和终身教育研究方面的优秀成果，通过专家严谨的评选，一大批优秀的科研成果得以推广。通过常州市终身教育学会主办、常州开放大学承办的《常州终身教育》期刊，为社区教育研究者提供了专业的学术交流与信息传递平台，进一步促进了社区教育研究成果的推广。"十三五"期间，继续致力于提升《常州终身教育》杂志的办刊质量，努力优化期刊栏目，结合全国、江苏省以及常州市终身教育体系建设工作实际情况，增设"终身教育共同体建设"等专栏，依托终身教育研究重点课题，强化稿件的专业性，推动杂志的专业化、特色化发展；加强和本领域内专家联系并向有关专家约稿，提升杂志的水平和影响力；加强与社区教育四级网络体系单位和横向合作联盟单位的联系与沟通，借助终身教育优秀论文评选以及"读书节"等活动，吸引更为丰富的稿源。杂志每年出刊四期，积极刊登教授、博士及终身教育领域知名专家论文，进一步优化了为全市终身教育工作者搭建的这一交流平台。

2. 课题管理注重规范化

在社区教育课题研究中除了注重课题研究范围广泛外，以终身教育研究中心为代表的常州市社区教育科研管理单位逐步加强对课题研究过程的指导，聘请相关专家为各课题研究团队进行具有针对性的跟踪辅导。目前，各类社区教育课题研究理论与实践研究并重，结合课题研究采用的研究方法更具多样性，研究深度与广度都得到了提升，研究成果质量明显提高。例如，基于课题的研究成果——报告《社区教育资源优化与结构布局战略研究——以江苏省为例》获得第十一届全国成人教育优秀科研成果（研究报告）一等奖，研究论文《江苏省社区教育现状研究——基于835家社区教育机构网络调研结果分析》获得江苏省哲学社会科学界第十一届学术大会优秀论文二等奖。

(二) 研究热点及创新

1. 社区教育智库研究形成课题群

社区教育智库研究不断深入，课题组在顺利完成国家开放大学 2014—2015 年青年立项课题《社区教育智库研究——以常州为例》后，陆续完成江苏高校哲学社会科学研究项目《江苏省社区教育智库建设路径研究》、国家开放大学 2016—2017 年度科研课题一般课题《社区教育虚拟智库建设研究——以常州市为例》、2015 年度江苏省社会教育规划一般课题《社区教育基层智库研究——以常州市为例》、常州市第十一届社会科学研究立项课题《常州市社区教育智库建设研究》、江苏省成人教育协会"十三五"社会教育立项课题《江苏省社区教育虚拟智库建设路径研究》、常州市 2016—2017 年度社区教育科研重点课题《常州市社区教育智库运行机制研究》，对社区教育智库研究不断深入，从社区教育智库实体的建设路径到社区教育虚拟智库界定，从顶层智库建设到基层智库影响因素分析，均取得了一定的进展。论文《建设社区教育智库路径分析》获得中共常州市委教育工委"三大一实干"活动领导小组组织的"我为常州教育发展献一计"签字征文活动优秀征文奖。论文《社区教育智库建设的必要性及其路径选择》获得教育部社区教育研究培训中心、江苏省社会教育服务指导中心、中国成人教育协会社区教育专业委员会、中国成人教育协会农村成人教育专业委员会组织的首届"全国社区教育(青年)研究成果"三等奖。

2. 闲暇教育研究影响深远

结合新型城镇化发展，不断拓展社区教育研究新领域，开展新生代农民工的闲暇生活教育研究，完成江苏省教育科学"十二五"规划课题重点资助项目《江苏新生代农民工的闲暇生活教育研究》后，《新生代农民工的闲暇生活教育策略研究——以常州市为例》也获得常州市教育科学"十三五"规划重点课题。研究成果虽然数量有限，但质量较高，论文《新型城镇化背景下的新生代农民工闲暇教育研究》不仅发表在核心期刊《中国成人教育》上，还被《人大复印资料〈成人教育学刊〉》全文收录，被中国社会科学网(中国社会科学院主办，中国社会科学杂志社承办)全文转载，并获得 2018 年江苏开放大学全省办学系统优秀科研成果一等奖，引起了较为广泛的社会影响。

3. 开展与家庭教育融合研究

随着社区教育内涵不断深化，研究领域也不断拓展，依托课题与社区教育工作室建设,运作更多的社区教育活动项目,广泛开展社区教育与家庭教育融合体系建设,以社区教育为依托,加强对家长进行家庭教育理念引导、教育方式辅导,提高家庭教育质量,促进家庭教育的进一步提高,以发挥社区教育作为家庭教育的重要支持系统作用。课题"社区教育与家庭教育融合体系建设的策略研究——以常州市为例"被立为2018年度江苏省社会教育规划重点课题。以"终身教育理念下家庭教育指导服务实践研究"为项目的顾锡宏名教师工作室被常州市教育局立项为第五批常州市名教师工作室。

4. 注重凝练研究成果

研究成果的总结与凝练是提升社区教育内涵、促进社区教育科研工作的重要抓手。在2018年、2020年组织的两届江苏省社会教育(教学)成果奖评选活动中,常州在全省社会教育教学成果奖评选中成绩斐然,总体成绩名列前茅。其中,常州市教育局、常州开放大学合作完成的研究成果《常州终身教育共同体建设实践探索》荣获首届江苏省社会教育(教学)成果奖特等奖,在第二届江苏省社会教育(教学)成果奖评选中,常州又摘取了5项一等奖。

5. 社区治理研究融入社区教育

社会治理、社区治理是当前和今后实现我国经济社会协调发展面临的一项重要挑战,基于社区治理的视角推进社区教育共同体建设,是当今形势下社区教育内涵发展的关键所在。常州市基于社区治理的研究热点,开展了社区教育融入社区治理的创新研究。如常州开放大学承担的2017年度江苏省社会教育规划课题"社区治理视角下社区教育共同体建设研究——以常州市为例"已顺利结项;江苏理工学院庄西真教授等出版专著《社区治理与社区教育》,围绕社区治理展开对社区教育的特征、社区教育的条件、社区教育的内容、社区教育的实施分析,也是社区教育融入社区治理的理论与实践成果的集中体现。

六、社区教育存在的问题与对策

(一) 存在的问题

1. 区域发展仍不平衡

由于常州市各社区经济、社会、文化、教育等发展不平衡,各地领导的重视程度不同,导致全市范围内社区教育发展水平呈现不平衡状态。整体来看,城市社区办学条件较好,办学事业红红火火;农村社区教育机构规模小、人员编制少、活动经费少,事业发展总体较弱。这种城乡区域差距,导致社区教育事业发展不平衡。

2. 保障力度有待加强

常州在社区教育的实践探索方面在全国范围内起步较早,也取得了较为明显的成效,但相对于近几年社区教育发展速度较快的部分城市而言,社区教育的保障力度仍有待加强。一方面体现在缺乏相关的立法,社区教育法制层面的欠缺在一定程度上造成了社区教育的开展无法可依的局面,社区教育的法制保障不到位,影响了社区教育开展的主体地位。另一方面,相关政策文件出台了不少,但是缺乏相应的保障力度,一些政策未能彻底落实。此外,社区教育的经费仍然以财政拨款或政府专项资金为主,虽然近年来不断加大对社区教育的投入,但是单一的筹措渠道和有限的财政经费仍然未能满足社区教育发展的需要。而作为学习成果保障机制的重要形式"学分银行"而言,对于"学分银行"的转换范围与获得方式等内容缺乏明确的规定和有力的保障,使得"学分银行"的功能价值未能有效发挥。

3. 服务能力尚需提升

在针对市民的社区教育参与率和满意度调查中发现,虽然越来越多的市民已经知晓了社区教育并参与其中,但仍有相当一部分居民对社区教育缺乏了解、缺乏参与热情,这也在一定程度上反映出当前常州社区教育的服务能力有待提升这一问题。首先,社区教育的队伍建设问题仍然值得重视;其次,在课程体系建设中,虽然开发建设的社区教育课程数量不少,但是仍然缺乏规范性和体系性;再次,如何更好地探索社区教育在社会治理体系中功能价值的发挥,达成两者的有机融合,促进整个社会的和谐发展,这方面还缺乏行之有效且可推广复制的经验。

(二) 对策建议

1. 优化平台,促进社区教育创新发展

积极推动学分银行建设。2019 年,国务院印发的《国家职业教育改革实施方案》和教育部等四部委印发的《关于在院校实施"学历证书＋若干职业技能等级证书"制度试点方案》均明确提出:要加快推进职业教育国家"学分银行"建设,建立职业教育个人学习账号,实现学习成果的认定、积累和转换。近期,长三角地区三省一市教育行政部门联合印发了《关于成立长三角地区开放教育学分银行的通知》。在我国构建终身教育体系和推进全民终身学习的背景下,学分银行

作为促进各级各类教育纵向衔接、横向沟通的"立交桥"的价值逐渐突显,在平台建设与业务开展方面,与各领域的合作正在不断加深。在理论层面加强学分银行的研究,在实践层面与多方进行沟通合作,开展学分银行的实践探索,并从中总结经验问题,实现不同教育成果的认证、转换,才能有效激发居民的学习热情。持续加强原有的项目平台建设,如社区教育特色项目工作室、社区教育名师工作室等,加大投入,完善考核评价机制,形成长效优质的平台。优化"常州终身教育在线"的版块和功能,优化"乐学龙城"微信公众号和学习地图的功能,满足社区居民多元学习需求,真正实现"时时能学、处处能学、人人可学"。同时,与其他场馆、部门加强联动合作,建立更多体验性强的社区教育基地,持续推进社区教育游学实验项目建设,拓展社区教育场所,提升其互动性和体验性。支持并引导社区居民组建积极健康、形式多样的学习型组织、学习社团和社区学习共同体,开展多样化的自主学习、互助学习,开展优秀学习共同体的评选等活动,不断创新学习形式,推动社区教育发展。

2. 提效增能,提升社区教育服务水平

持续抓好社区教育队伍建设,针对重点人群进行重点突破,抓好两支队伍建设,一是"排头兵"建设,即社区教育管理干部,一是"窗口"建设,即社区教育通讯员。针对这两类人群每年开展专项培训活动,以时代需要为标准,以社会热点为议题,每年拟定不同主题,设计培训内容,有的放矢,根据需要邀请不同领域专家开展讲座,专题辅导;借助网络平台,线上线下结合,创新培训形式,提升培训实效。此外,根据社区教育内涵发展的需要,不定期组织其他专项学习培训活动,如社区教育骨干教师培训、社区家庭教育师资培训等,提升相关从业人员的素质能力,搭建起社区教育工作交流互通的桥梁,促进社区教育队伍的专业化发展。

3. 加快建设,强化开放大学"龙头"作用

开放大学是终身学习服务体系的龙头,对社区教育深入内涵发展起着积极的推动作用。围绕将常州开放大学建成社区教育的中心和全民终身学习的超市这一目标,将社区教育作为开放大学转型发展的主要突破方向,要进一步加大对开放大学建设的投入,积极改善其办学条件,通过政府购买服务、项目扶持、社会资助等形式,推动有效服务供给,使其为社区教育提供更好的指导与服务;要进一步调整开放大学机构设置,明确重点发展方向,整合开放大学在社区教育课程开发、队伍建设、课题研究、信息化工作、机制创新等方面的中坚力量,充分发挥其在全市社区教育中的功能作用;要进一步发挥开放大学在推进社区教育中的统筹协调功能,使社区教育立体网络体系高效运转,同时推进各类社区教育机构

深度协作,在原有的社区教育纵向四级网络和横向高校支持联盟基础上,加强终身教育支持联盟建设,挖掘社区教育资源潜力,强化社区教育资源的整合与应用;继续依托"常州终身教育在线"以及"乐学龙城"微信公众号,开展在线学习系列活动,优化"常州乐学龙城学习地图",为市民提供"一站式"线上线下学习指导和服务;要依托开放大学,与多方开展合作联动,不断拓展社区教育阵地,积极引进国内外优质教育资源,扩大社区教育有效供给,推进全市社区教育的平台建设、资源建设、项目实施、理论研究、推广服务等,全面提升开放大学服务社区教育的能力,从而指导、带动全市社区教育的发展。

供稿单位:常州开放大学及各县(市、区)开放大学(社区培训学院)

苏州市"十三五"社区教育发展报告

一、社区教育政策保障和组织机构

"十三五"期间,苏州市以体制机制改革为重点,创新社区教育体制机制,在全省率先开展"示范性社区教育中心"创建工作,进一步加强社会管理、促进社会和谐发展,保障了学习型社会建设的高质量发展。2016年苏州市教育局等十四部门联合颁发了《关于加强社区教育工作 推进学习型苏州建设的意见》,同时把社区教育作为重要内容写入《苏州市中长期教育改革发展规划纲要(2010—2020)》。2018年,苏州市颁发了《市政府办公室关于成立苏州市终身教育促进委员会暨苏州市社区大学校务委员会的通知》(苏府办〔2018〕306号)、《关于成立苏州市终身教育促进委员会办公室的通知》(苏教民社〔2018〕18号)文件,促进苏州市的社区教育在科学的规划中不断前行。

(一) 基本管理体制

随着苏州市社会教育服务指导中心的成立,苏州市实现了以市教育局为主体,以市社指中心、终身教育学会为辅助的"一体两翼"的管理格局。市教育局、开放大学——区教育局、开放大学(社区培训学院)——镇(街道)社区教育中心——村(居)市民学校横向协调,纵向管理的四级管理体系完善(见图1)。在管理体制、运行机制、制度设计、经费投入、队伍建设等方面取得了一定的成效,逐步将苏州的社区教育引向规范化、制度化发展,一个符合苏州市特点的社区教育体系基本形成。

苏州已形成了"党政统筹领导,教育部门主管,有关部门配合,社会积极支持,社区自主活动,群众广泛参与"的体制机制,实现了教育行政部门、开放大学(社区培训学院)的协作管理。各市(区)、乡镇(街道)社区教育工作委员会发挥了统筹规划功能,制定发展规划和政策措施,提出发展目标任务,协调社区教育发展。社区教育中心组织开展日常管理、协调工作。村(居)市民学校发挥了社区教育功能,以人为本,促进社区可持续发展。苏州市社区教育项目化运作的全面发展,实现了市场的有效介入,社会力量真正参与到社区教育中,为市民学习整合了优质的资源,推动了社区教育的体制机制改革、创新及发展,促进了苏州市社区教育运行机制灵活发展。

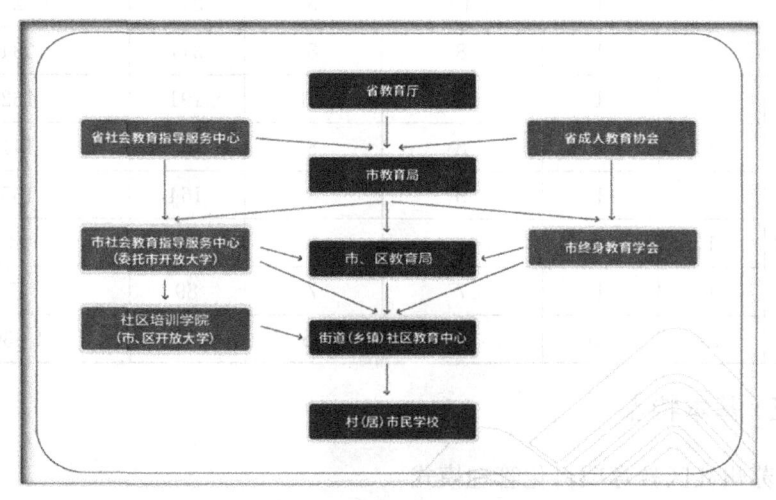

图1 苏州市社区教育组织机构架构

(二) 基本办学模式

苏州市以市开放大学(市社会教育服务指导中心)为龙头,市(区)开放大学(社区培训学院)为支撑,镇(街道)社区教育中心为基础,村(居)居民学校为办学主体,充分借助各级老年大学、文体中心、青少年校外辅导站,吸纳各类社会组织,形成机构参与的多元合作办学模式。各级社区教育机构的职责明确,充分利用辖区内公办学校、图书馆、科技馆、文化馆、博物馆、美术馆和体育场馆等各类公共设施及资源,发掘教育内涵,组织开展社区教育活动。并与辖区内企事业单位、社会组织建立多种形式的教育联合体,参与社区教育,为社区各类人群提供有组织、多样化的学习服务,实现了社区教育的全覆盖(见表1)。

表1 苏州市社区教育机构覆盖情况一览表

市、区	社区培训学院	区级老年大学	镇(街道)社区教育中心	镇(街道)老年学校	村(居)市民学校	村(社区)老年学校、教学点、收视点
张家港	1	1	9	22	291	190
常熟市	1	1	14	10	331	144

续表

市、区	社区培训学院	区级老年大学	镇(街道)社区教育中心	镇(街道)老年学校	村(居)市民学校	村(社区)老年学校、教学点、收视点
太仓市	1	1	7	6	148	2
昆山市	1	1	10	3	290	2
吴江区	1	1	8	8	317	234
吴中区	1	1	13	13	191	162
相城区	1	1	8	8	138	141
姑苏区	1	1	8	8	164	165
工业园区	1	1	8	9	148	94
高新区	1	1	7	7	89	57
总计	10	10	92	86	2 107	1 050

(三) 基本特点

1. 苏州社区教育项目化管理模式

"十三五"期间,苏州社区教育从一般的工作推进、事业发展层面跨越到了探索具有区域特点的社区教育发展模式,苏州市于2016年全面推动社区教育项目化运作。2018年开始,以市重点建设项目(苏州市社区教育游学项目、苏州市市民学习苑)为抓手,开展精细化、特色化项目建设与管理,引导基层以项目化运作模式推进社区教育。项目化运作不仅缓解了经费问题,也缓解了人员不足问题。社区教育专职教师逐步转型为管理人员是当前苏州社区教育队伍建设与发展的趋势,在项目化运作过程中,逐步培养项目管理员。苏州市积极创建省级重点项目,在市级层面,以市教育局的资助项目、市社指中心的重点项目和市终身教育学会的实验项目为主,在全市逐渐铺开(见表2)。

表2 苏州市项目建设情况汇总表

市、区	省级游学项目	省级学习苑	省级名师工作室	省级学习体验基地	省级养教联动基地	市级社区教育实验项目	市教育局资助项目	市级社区教育游学项目	市级市民学习苑
张家港市	1	2	2	1	0	15	13	2	2
常熟市	1	0	0	1	0	12	10	1	1
太仓市	0	0	2	0	0	7	9	0	0

续表

市、区	省级游学项目	省级学习苑	省级名师工作室	省级学习体验基地	省级养教联动基地	市级社区教育实验项目	市教育局资助项目	市级社区教育游学项目	市级市民学习苑
昆山市	1	2	1	0	0	19	13	2	1
吴江区	1	2	1	1	1	20	10	2	2
吴中区	1	2	1	0	0	19	10	2	2
相城区	0	0	1	0	0	5	8	2	1
姑苏区	0	1	1	0	0	27	10	4	1
工业园区	1	1	3	0	0	19	10	2	0
高新区	0	0	0	0	0	5	5	1	0
合计	6	10	12	3	1	148	98	18	10

项目运作,提升教学质量。以实验项目来推动社区教育工作,不仅在市级层面形成了一个管理的抓手,也促使社区教育活动开展有序进行,同时也在经费奖励和使用上畅通了渠道。各地已经形成以实验项目为抓手向打造特色品牌过渡的方式。如:姑苏区"十三五"期间,先后创立了"吴侬软语大学堂""法治虎丘"普法教育与实践、"山塘书院"讲师团、"虎丘科普小达人""茶博士"知识普及和"小虎丘故事会"等品牌项目。常熟市的重点实验项目"青少年锡剧教育《让兰花在青少年中绽放》"把戏曲文化融入艺术教学、综合实践研究、主题班会中,设计出形式开放、内容丰富、贴近生活的艺术课堂。

以人为本,灵活教学方式。苏州社区教育以人为本,从服务市民终身学习的角度,将社会的资源和力量高度融合,直面市民多元化、个性化学习需求,盘活和转化优质丰富的教育资源,从而保障社区教育机制高效运行。引导基层社区教育中心挖掘区域特色资源,以学习者为中心,在制度建设、阵地拓展、项目推动、载体建设等主要方面进行了实践探索。如《苏州市社区教育游学项目管理办法(试行)》《苏州市"市民学习苑"建设及管理办法(试行)》等文件的出台。以学习者为中心,构建环绕式社区学习方式,搭建多元载体,如:基于传授式学习方式,建立市民学习苑,给学习者提供相对固定的学习阵地和课程;基于实践式学习方式,建立社区教育游学项目,让学习者在体验实践中学习;基于互助式学习方式,培育市民学习共同体,让有共同兴趣的学习者相互学习,共同进步;基于熏陶式学习方式,培育名师工作室,让学习者在名师良好的品行和传统技艺的濡染下,渐趋同化,提升自我。

规划管理,完善评估体系。积极完善第三方评估体系,苏州市开始在部分市区开展第三方评估实验,并将逐步完善,全市推广。如张家港市率先探索实施第三方评估(见表3)。

表3　张家港市社区教育公益项目评估表

一级指标	二级指标	指标内容	分值	查看资料	综合评分
项目立项	需求精准	需求分析到位,适切度高	5	居民需求分析报告	
	策划科学	目标明确,计划完整,任务分解合理清晰	5	项目申报书	
	程序规范	项目信息公开发布,多方论证,合同规范	5	相关文件及公开发布平台资料	
	资金预算	预算合理,条目清晰,体现公益	5	项目预算表	
项目实施	组织有序	发动、组织有力,参与率达目标值	15	项目实施过程性资料及活动图片	
	活动可控	按计划执行,调整可控,活动次数达目标值	15	项目实施过程性资料及图片	
	内容丰富	师资匹配,培训或活动内容达目标值	15	项目实施过程性资料及图片	
	资金使用	支出决算符合财务规定,及时高效	15	发票、领导签报表或者其它票据	
项目效果	居民满意	项目目标达成效果好,居民满意度高	10	满意度测评报告	
	社会影响	各类媒体报道层次高,数量多,反响好	10	宣传材料	

2. 加强基础能力建设,加快发展社区教育

基础能力建设是增强发展后劲、促进改革创新的重要保障。苏州市在"十三五"期间扎实推进基础能力建设,提升专业能力,在机构建设、队伍建设、课程开发等方面取得了较快发展。

创建引领,加强机构建设。苏州市注重标准化建设,以创建工作为引领,加强机构建设,全面提升了社区教育教学能力。全市拥有开放大学8所,社区培训学院10所,镇(街道)社区教育中心92所,村(居)市民学校2 107所,市、区老年

大学11所,镇(街道)老年学校97所,实现了终身教育机构全覆盖。现已建成国家级社区教育示范区3个,国家级社区教育实验区1个,省级社区教育示范区6个,省级社区教育实验区2个。省级社区教育示范乡镇(街道)92个,省标准化居民学校1 255所,市优秀老年大学86所。

增强专业能力,丰富课程资源。课程和师资建设是终身教育内涵建设的重心。苏州市建立终身教育轮训制度,每年开展对社区教育管理人员、社区教育中心校长、社区教育骨干教师、村(居)市民学校负责人的培训。开展社会教育(教学)成果、课程、论文评比,组织省、市级课题申报,提升师资队伍专业能力,促进课程资源建设。目前,拥有终身教育专职人员916人,兼职人员4 106人,志愿者38.19万人,优秀特色课程200门,在线课程3万多门。完成市级社区教育专业化培训3 000余人次,开发通用课程12 000多门,组织志愿服务522万人次,组织市民在线学习3 505.52万人次。

灵活学习方式,科学培育品牌。苏州市以全民终身学习需求为导向,通过科学引导,坚持品牌化发展和建设,让终身教育理念与民族精神契合,培育特色品牌,精准服务市民学习需求。基于传授、实践、熏陶、互助的多元化学习方式,培育了"公益课程进社区""学说昆山话""社区学习共同体""幸福夕阳移动课堂""江南船拳进校园""龙狮文化教育传承""沙家浜红绿新课堂"等广受学习者欢迎的终身教育品牌,受众群体广泛,学习质量提高,极大发挥了社区教育的品牌效应。

3. 推进区域合作,共享优质资源

苏州市注重推进区域合作,共享优质资源,鼓励各市(区)以开放大学(社区培训学院)或乡镇(街道)社区教育中心为合作单位,与省内外、市内适宜单位建立合作联盟,共学共进,相互鞭策,实现合作共赢。

推进长三角终身教育一体化建设。2019年11月,普陀、苏州、嘉兴、芜湖四地长三角终身教育一体化建设发展论坛顺利举办,启动了长三角"人文行走"学习项目。苏州市交流了终身教育的经验,展示了全民学习的特色品牌,共享了优质的学习阵地。苏州将以高质量的终身教育服务和学习产品与普陀、嘉兴、芜湖深度合作,扎实推进一体化发展建设,积极拓展合作领域,创新合作方式,完善协调机制,致力于将四地终身教育联盟打造成区域协作的标杆,实现包容和公平的全民教育和终身学习。以造福人民为工作目标,建设区域终身教育协作典范,助力长三角地区高质量城市群建设,服务国家创新驱动发展战略。

深入推进社区教育帮扶工作。2017年以来,依托苏州开放大学,苏州持续推进与贵州省铜仁市社区教育共建帮扶合作工作,发挥了苏州模式的辐射作用。每年举办铜仁市社区教育管理干部赴苏培训班,组织市内专家和优秀教师赴铜仁开展社区教育业务培训。逐步推进张家港开放大学、昆山开放大学、吴江区社区培训学院、工业园区开放大学与铜仁市相关县级职业学校建立社区教育合作联盟。

鼓励各地对外开展社区教育联盟。"十三五"期间,苏州积极推进对外交流合作。鼓励各联盟单位积极合作交流,取得了研究和实践成果。如按照《苏州市——宁波市社区教育干部对口交流及拓展培训(试点)2017年实施方案》,圆满完成了张家港市对口北仑区、吴江区对口慈溪市的乡镇(街道)社区教育后备干部对口顶岗交流。2016年以来,积极组织开展"山水共建社区教育联盟"(昆山、桂林)、"江苏吴江·上海金山·浙江嘉善"三地社区教育合作联盟举办研讨论坛、"三叶草—三家春联盟"(苏州、盐城)、"CLC老年教育联盟"(汾湖高新区、金港镇、木渎镇、周市镇)等的共享共研活动。

二、社区教育经费投入

(一)经费投入

苏州市多方筹措社区教育经费,以地方财政投入为主,以各级开放大学投入为辅,加以项目等专项经费投入,鼓励社会募集。2017—2020年间,全市人均经费保持在5元左右(见表4)。

表4 2016—2020年苏州市社区教育经费投入情况

经费来源	2016年	2017年	2018年	2019年	2020年
地方财政投入(万元)	5 007.39	5 121.47	5 084.98	3 740.097	3 367.9
开放大学投入(万元)		165.87	208.94	152.35	168.8
其他专项经费投入(万元)		1 847.55	1 939.69	1 436.38	2 276
社会募集经费(万元)		135.64	5	122.33	328
总经费投入(万元)	4 007.39	7 270.53	7 238.61	5 451.157	6 138.9
常住人口(万人)	1 040.54	1 036.58	1 072.17	1 074.99	1 274.83
人均经费(元)	3.85	7.01	6.75	5.07	4.82

（二）经费管理

社区教育专项经费是现阶段苏州市社区教育经费的主要组成部分，主要用于完善终身教育体系建设，提升社区教育基础能力建设，开展城乡社区教育培训活动，支持其他社区教育建设项目等。市财政社区教育专项经费由市教育局根据预算拨付到相关的区教育局、开放大学。区级财政的社区教育经费由区教育局拨付到区开放大学、各乡镇（街道）社区教育中心。经费的使用和管理由市（区）开放大学、社区教育中心根据区社区教育专项经费使用规定及财政规定实行专项经费、专项使用并专项管理。

在经费相对不足的情况下，苏州市各地积极借助社会资源，建立成本分担机制。如工业园区财政下达社区教育专项经费，重点用于重大社区教育活动、创建学习型组织、重大社区教育研究课题、社区教育先进单位和先进个人的表彰、社区教育宣传和培训等方面的工作，并且按照规定的资金用途、使用范围，加强资金管理、监督检查，提高资金使用效益。同时，工业园区也相应建立了社区教育专项经费管理办法，采取"政府拨一点、社会筹一点、单位出一点、个人拿一点"的社区教育经费筹措办法，逐步形成了政府为主、各部门分担、社会捐助、受教育者支付的社区教育经费多元化筹措机制和保障体制。

三、社区教育队伍建设

苏州市建立了一支以专职为骨干、兼职为主体、大批志愿者积极参与的社区教育工作者队伍。在这三支队伍中，社区教育专职管理人员和教师是发展社区教育的中坚力量，是开展社区教育的直接实施者、服务者、管理者和组织者，他们承担了宣传社区教育理念、落实社区教育政策、开展社区教育活动、总结社区教育经验的重要任务，其职业素养直接决定了社区教育工作的质量，是直接影响社区教育能否健康稳定发展的决定因素。从"十三五"期间的统计数据来看，队伍处于基本稳定发展中（见表5）。

表5　2016—2020年苏州市社区教育队伍数据统计

人员类别	2016年	2017年	2018年	2019年	2020年
专职管理人员（人）	230	386	548	637	336
专职教师（人）	312	568	547	689	916

续表

人员类别	2016年	2017年	2018年	2019年	2020年
兼职管理人员(人)	2 190	1 568	1 844	1 941	970
兼职教师(人)		2 767	1 318	5 157	4 106
志愿者人数(万人)		14.27	13.69	42.74	38.19

管理者队伍建设。苏州市在社区教育管理队伍建设方面，以专业能力和管理能力为主，通过各级社区教育例会制度来稳固，如市级层面市教育局以社区教育工作会议和若干科长会议为主，召集各区教育局分管领导参会。2018年开始，市社指中心例会制度启动，主要召集市(区)级教育局分管领导、开放大学(社区培训学院)负责人员参与。各区级层面召开校长会议。此外，市、区各层面组织针对性强的社区教育管理人员能力提升培训班。因此，即使社区教育管理人员队伍老龄化严重，流动性较大，苏州依然保证了管理人员特别是新人专业能力的迅速提升，保障苏州市社区教育事业的稳步发展。

师资队伍建设。社区教育教师专业素质的提高和可持续发展，是社区教育可持续发展的前提，是提高社区教育质量和创建学习型社区的根本保证。社区教育工作者职业属性决定了社区教育工作者队伍的专业化水平，然而绝大多数教师并不是成人教育等相关专业人员，因此，后期的专业化培训尤为重要。苏州市、各市(区)注重师资队伍的专业化培训。从2016年至2020年8月，共培训了24期，3 185人次，2020年，苏州市教育局组织开展社区教育教师能力大赛，首次以社区教学能力和活动策划能力为两大比赛项目，旨在通过比赛，提升队伍专业能力，发现人才，培养人才。

志愿者队伍建设。社区教育志愿者队伍有力地补充了师资队伍的不足，在开展社区教育、建设学习型城市中发挥着越来越重要的作用。苏州市志愿者服务人群主要有婴幼儿、青少年、老年人、残疾人等人群。服务的内容主要涉及安全健康教育、技能创业培训、家庭亲子教育、卫生环保教育等。2017年1月至2020年6月，社区教育志愿者参与志愿服务活动1 921个项目，服务人次522万以上，为苏州市各类人群的终身学习提供了坚实的服务保障。

四、社区教育数字化平台及资源建设

(一) 数字化学习平台建设

当今时代,信息技术飞速发展,正在不断改变着人们的思想观念和生活方式,在社区教育领域,信息技术体现了更多的教育优势,在当前社区教育的基础上增加信息技术含量,使信息技术为社区教育服务,能极大地满足社区居民的学习需要。

全市8个区级、2个镇级市民学习网,首建投入经费达427万元。从2018年统计的数据来看,市民学习网基本实现了全覆盖,在线课程110 050门,访问量达3 505.52万多人次。各市(区)都十分注重采用多种方式,建立和完善市民学习网,采用网上学习先进个人、学习积分兑换奖品等方式鼓励市民积极学习。大部分市(区)采取和"江苏学习在线"共建、与网络公司合作、委托区级开放大学(社区培训学院)建设管理的方式运营,同时将区域内社区教育机构开发的视频课程作为地方特色课程上传到网站供市民学习。

(二) 课程资源建设

社区教育课程是社区教育实践活动开展的基本依据,也是社区教育内涵发展的核心领域,是实现社区教育目标的基本保证,也是检验社区教育发展水平的基本标志。苏州市全面推进社区教育课程建设,鼓励各地积极开发符合市民学习需求的公共课程和地方特色课程,通过优秀课程的评选,指导和激励课程开发。

课程资源开发情况。从统计数据来看,以通用类课程为主,积极开发特色课程,并加强社区教育教材编印,辅之短期培训讲座。2016年至2020年6月全市开发教材447本,通用课程12 459门,2018年至2020年6月特色课程310门,开设培训讲座总计1 360期。

资源建设的特色化发展。苏州市社区教育资源建设的特点总体上呈现了地域特色性,且社区教育机构逐渐趋向于与其他部门、条线、社会组织、团体的合作开发。此外,从近年来统计数据来看,网络课程开发速度迅猛,且课程内容多元化,覆盖人群越来越广泛,从以健康养生类课程为主向以地方特色类课程和人才培养类课程为主转变。如苏州工业园区鼓励原创课程开发建设,每年组织开展优秀乡土课程、公益课程、微课程评选活动,建立工业园区社区教育优秀课程资源库。2018年,评选出优秀公益课程40门,优秀社区教育微课程4门,2019年至2020年6月,工业园区开设通用课程240门。

五、社区教育课题及研究

课题研究有助于养成严谨的工作作风。课题研究的严密性,也促使社区教育教师的教育、教学工作更加科学化、系统化,有助于教师自我发展、自我提高。"十三五"期间,苏州市注重理论研究,特别是各市(区)开放大学(社区培训学院)在科研成果的提炼、推广方面取得了较大进步,基层社区教育中心的实践类课题也取得明显成效,越来越多的社区教育教师向研究型教师转型。

苏州市进一步推动社区教育内涵发展,丰富社区教育研究内容和体系,关注社区教育领域的热点和前沿,提炼推广社区教育最新成果,提高社区教育工作者的科学研究水平和改革创新能力,全面提升苏州市社区教育质量,"十三五"期间立项国家级(中国成协)课题11个,省级(省社指中心)课题29个。苏州市教育局开展全市社会教育课题申报工作及科研论文评比工作,由市社指中心具体组织进行,2016—2020年立项课题共54项,表彰社区教育优秀论文117篇。昆山开放大学立项课题中,《江苏社会教育史料研究》是江苏省社会教育指导中心重点攻关课题;《苏南地区学习型城市建设现状调查及运行策略研究》是江苏省教育科学"十三五"规划课题,特别是《新时代社会基本矛盾背景下东西部社区教育合作实践研究——以昆山桂林地区的合作为例》课题,与桂林广播电视大学联合开展研究,有一定的创新意义。从全市各级各类课题和研究论文的统计情况看,研究群体主要是市(区)开放大学(社区培训学院)、基层社区教育中心的专职管理人员或专职教师。课题均为实践类课题,研究内容大多围绕当前的社区教育工作实践展开研究,主要是为了解决工作中的一些难题、挑战和创新。研究对象为社区成员、社区教育工作等;实施形式为教育实验、培训学习活动;实施载体为学校教育、社区教育、老年教育、家庭教育等;主阵地为社区教育中心和社区培训学院。研究方法大多采用文献法、个案法、调查法、实验法等常规方法。

"十三五"期间,苏州市社区教育研究的热点均是围绕当前社区教育工作的难点和不足来进行研究,实实在在解决一些问题,提炼一些方法。因此,主要涉及一些方法途径的提炼和区域体系的建设研究,回归本源寻找社区教育的本质属性研究,发挥社区教育在构建学习型城市中的作用研究,重视提升社区教育工作者专业化的相关研究等。如：张家港市社区教育课题研究的热点主要分布在社区教育工作项目化的流程及项目评估、社区教育的社会资本建设、社区教育治理功能分析等方面，研究方法除了文献法之外，更多在于田野调查及观察，更接近社区原生态。应该说，这些课题研究主题本身就是对社区教育发展的一种创新，特别是项目化及评估体系等研究，是社区教育工作推进机制的一种创新。研究内容主要涉及以下几类：一是政策与策略研究，对社区教育品牌建设、保障机制建设、教育质量评估体系建设、管理体制和运行机制改革创新、推进全民学习的途径等进行研究。二是资源与平台建设研究，对社区教育资源的整合管理、社区教育课程开发、数字化学习平台建设、微课程资源建设等进行研究。三是队伍建设研究，对社区教育工作者队伍、志愿者队伍、队伍专业化提升、队伍建设的激励保障、打造师资库等进行研究。四是老年教育研究论文，对养教结合模式、老年教育发展瓶颈、老年教育服务团队培养、老年教育发展趋势等进行研究等。如：吴江区课题《费孝通社区教育思想研究》，研究目的在于捕捉费孝通关于社区教育发展的思想火花，挖掘其思想发展进程中可以为今所用的优秀理论与实践经验，梳理与整合费孝通社区教育思想的发展脉络，回顾与探索开弦弓村社区教育的发展历程，审视和融合当前本土社区教育的发展需求，思考与借鉴对当下乡村振兴发展战略的启示。

六、社区教育存在的问题与对策

苏州是全国开展终身教育较早的地区之一，"十三五"期间，苏州市注重内涵建设，积极探索具有区域特点的社区教育发展模式，以市教育局、市社指中心和市终身教育学会组织开展的社区教育项目为主，在全市范围内推动社区教育项目化发展，张家港市、工业园区、姑苏区、昆山市、常熟市先后在全区实施社区教育项目化运作。项目化运作有效吸纳社会力量，整合特色资源，拓展学习阵地，培养管理人才，形成了社区教育项目化发展的苏州模式，发挥了良好的社会效益和辐射力。

（一）存在的问题

从各市（区）提交的发展报告来看，当前，苏州社区教育发展存在一些问题，且均是多年未解决的遗留难题。

政府问责力度不够。"十三五"期间，社区教育在提高居民生活质量、扩大就业、化解社会矛盾、加快社会治理等多方面体现了极大的推进作用,政府对于社区教育的支持力度有所提高,成立了市终身教育促进委员会,为全市的终身教育体系构建奠定了基础。但是目前,各级政府,特别是基层政府对于社区教育基本处于无考核、无要求状态,基层社区对于社区教育工作重视程度不够,多数认为是锦上添花的工作。

机构建设不平衡。社区教育机构的阵地和人员配备,全市不均衡现象突出。全市来看,独立建制的社区教育中心只有14个(吴江区8个,吴中区3个,常熟市2个,张家港市1个),仅占小部分。全市独立建制的社区教育中心的设立有几种方式,一是与镇教育管理办公室合署办公,由教办工作人员兼任社区教育中心负责人;二是与成校合署办公,由镇成人教育中心校校长兼任社区教育中心负责人;三是社区教育中心相对独立但与关工委合署办公;四是由党政办工作人员兼社区教育中心管理员。如:常熟市的成教(社区教育)中心除练塘镇和常福街道两家是独立建制外,其他单位都有各镇初中代管,教师考核也是由代管初中负责。

资源缺乏有效统筹。苏州市各区域内拥有丰富的教育资源,但是由于体制、机制和认识方法等原因,各种资源所有者互不隶属,各自为政,造成资源的严重浪费。特别是区域内的大学、中学、职业院校、企事业单位、社会培训机构、组织等,缺乏有效的整合。全市社区教育资源同样缺乏有效统筹,各市(区)之间基本上各自为政,各镇(街道)之间也缺乏共享。因此,如何将各部门、各层面之间的资源进行有效统筹,建立区域之间的共享机制,提升将社会资源转换为社区教育资源的能力是亟待解决的问题。

队伍结构不合理。社区教育专职人员缺乏,年龄结构老化严重,各地都意识到这个问题,但并没有得到改善,依然人员不足,专业能力不强。机构不独立、考核不精准、奖励不到位、地位不提高、晋升不顺畅等问题导致了部分教师工作积极性下降,不少教师逐步由专职变为兼职,工作效率不高,创新精神不足,基本以任务推动型工作方式为主,社区教育工作在一定程度存在弱化和虚化现象。从各地发展报告呈现的问题来看,单位建制问题不解决就无法实现功能转向,无法保证独立的阵地,也就无法保障社区教育条线的人员配备、经费保证等。社区教育发展已经进入了充分发展期,必须真正专业化发展,才能突破瓶颈,跨域发展,稳定的阵地、稳定的机构必不可少。

（二）对策建议

结合"十三五"期间苏州社区教育发展现状及存在的主要问题，提出社区教育苏州模式的探索和实践，解决当前社区教育一些亟待解决的问题。

1. 秉承服务理念，加强上层管理建构

政府部门应将社区教育纳入教育发展整体规划，建立目标责任制和考核机制，确保社区教育改革发展目标落实到位。明确各部门的责任和权限，从而发挥他们各自的职能作用。苏州市当前已成立了终身教育促进委员会，区级层面也同步成立。促委会是顶层的协调组织机构，赋予教育行政部门和市社指中心的牵头组织作用，加强管理建构，其他部门协作参与。苏州市应加快以保障机制、协同机制、共享机制和评价机制为主，推进苏州市社区教育运行机制灵活发展。从完善政策法规、落实办学资金的角度研究保障机制的建设；以各部门联席会议制、教育行政部门、开放大学例会制，社会力量参与议会制的建立，逐步形成协同机制；以教育信息共享和教育资源共享促进社会共享机制的高效运行。

2. 充分使用阵地，加快市场开发

社区教育的阵地目前主要是开放大学、社区学院、乡镇（街道）社区教育中心、市民学校，其中很多地区与文体中心、老年大学、党校等合用，且处于非主用地位。当前的市场介入主要是一些社会团体、公益组织等的介入，场地并没有增加，仅增加了服务内容。因此，加快市场拓展要以增加可利用的阵地和设施为目的。一是鼓励社会组织通过兴办实体、资助项目、赞助活动、提供设施、设立社区教育基金等方式介入社区教育。二是给予一定的经费支持创办市民学习苑等，鼓励民办教育培训机构、名师工作室、企事业单位积极加入创建行列，可以逐渐将市场阵地发展成社区教育阵地，进一步完成整合社会资源的目的。三是深入社区、深入群众，将社区一些可用房、居民的家发展成为社区教育阵地，打通社区教育最后一公里。

3. 加强队伍建设，提升专业能力

各级教育行政部门要把社区教育教师队伍建设作为重要的基础性工作，努力建设一支同苏州经济与社会发展水平相适应，与苏州终身教育、社区教育发展要求相符合的师德高尚、能力卓越、数量充足、结构优化、充满活力、富有创新精神的社区教育队伍，促进苏州市社区教育事业再上新高，加快学习型苏州建设。一是加强师德教育，引导广大社区教育教师充分认识社区教育的地位、作用和意义，增强他们对社区教育的信念，提升归属感。二是鼓励学历提升，支持社区教

育教师的进修学习，对于现有社区教育教师中学历不达标的，尽可能提供便利，创造条件，支持他们在职学习。三是提高专业素质，通过有针对性、实效性的业务培训引导教师专业发展。四是培养人才梯队，组建课程建设、共同体培育、项目推进等社区教育名师工作室，为中青年社区教育骨干提供中长期学习培训的深造机会，挖掘本区域内的专家、学者，通过"传、帮、带"的形式不断提高中青年教师的能力。

4. 明确考核标准，健全评价体系

社区教育至今没有形成完善的考核系统，多以创建、获奖、培训等为依据进行"量"的考核，缺乏对社区教育"质"的全面考核。有些地区出现了"内涵发展停留在口号上，成果体现在搬运上，教育活动体现在共享上，考核体现在应付上"的现象，建议市级层面明确考核部门，出台考核细则。一是把社区教育作为各级政府教育目标责任考核和各地区教育现代化评价督导的重要内容。二是要建立乡镇（街道）社区教育中心，考核制度教育行政部门要根据"以评促建、以评促优"的宗旨，结合各地区发展实际情况，建立客观、公正、合理、有效的考核制度。三是建立第三方评价机制，增强评价的专业性、独立性和客观性。四是结合实际对社区教育教师进行考核管理，完善年度考核制度，把百分量化考核与民主评议结合起来，充分体现多劳多得，考核结果作为个人聘任、晋级、奖励的重要依据。

供稿单位：苏州市教育局、苏州开放大学

南通市"十三五"社区教育发展报告

一、社区教育政策保障和组织机构

(一)基本管理体制

加强顶层设计。全市各级党委政府围绕"办人民满意的社区教育""构筑全民终身学习服务体系"的总体目标,把社区教育作为促进经济社会发展的重要举措,纳入当地社会事业和国民经济发展规划,出台了一系列旨在发展社区教育、推进学习型城市(社区)建设的政策性文件。其中启东市、海安县等地将社区教育工作列入市县工作目标管理考核体系,进一步促进社区教育工作步入有序、有为、可持续发展的轨道。

健全组织架构。南通市社区教育通过近年来的努力和探索,着力开展社区教育模式探索和创新,历经起步、摸索、逐步成熟三个阶段,建立了覆盖全市的社区教育网络,构建了终身教育立体式平台,即"市、区、街、居"四级行政管理、"社区学院、街道分校、社区工作站"三级网络运作、"区、街、居"三级经费保障。同时,各县市均成立了由主要领导任组长,宣传、教育、科技、财政、人社、农业、妇联、团委等部门负责人为成员的社区教育工作领导小组,并根据组织人事的变化情况及时进行相应的调整和补充,确保了县市社区教育工作领导机构常设常新。全市各乡镇政府也都把社区教育纳入区镇经济社会发展的整体规划之中,成立了相应的组织协调机构——社区教育委员会。全市各级社区教育机构在地方政府和南通开放大学的双重领导下,实现了组织结构健全、机构职能明确、管理规划到位。

优化运行体系。南通市社区教育由南通市教育局、南通市社区教育服务指导中心及市成教协会统筹、协调。全市建立了以南通开放大学为龙头、各县(市、区)社区学院为主干、区镇社区教育中心为骨干、居民学校和相关学习型组织为基础的社区教育四级网络运行体系。在明确、细化四级主体各自功能的基础上,着力强调四级主体之间的联动,积极形成四级网络合力。其中南通开放大学增挂南通市社区教育服务指导中心牌子,负责统领全市社区教育工作;各县市区社区学院是社区教育中心和居民学校的具体业务指导部门,承担着引领县域社区教育发展的职责;区镇社区教育中心是全市社区教育四级网络的核心和主体,成为开展各类社区教育活动的主阵地,具体承担所在区域社区教育的计划、组织、协调和实施功能;居民学校和相关学习型组织是全市社区教育四级网络的基础,也是开展社区教育活动的前沿阵地。南通市各乡镇社区学习中心按照"四独立"标准即独立阵地、独立法人、独立编制、独立财务,不断夯实基础建设、不断优化师资队伍,乡镇成人教育事业各具特色、有序推进。

(二)基本办学模式

根据市委市政府相关工作部署,南通依托市终身教育促进工作联席会议制度建立相应工作组织制度;根据市教育局《关于进一步加强社区教育工作的意见》等文件要求,组织全市开放大学、社区教育机构积极参与社区教育;市开放大学也成立了由分管校领导任组长的社区教育工作领导小组,推进南通市社区教育工作的开展,形成了具有区域特色的社区教育"三合三学模式",并在具体实践中不断完善和丰富其模式。

所谓"三合",一是指社区教育不同层次、不同体系的有机融合。将市区街道社区教育中心设为直管分校,统一管理、统筹社区教育的相关活动,实现了纵向到底、横向到边,形成合力。二是指社会优质教育资源的有效整合。吸纳全社会各行各业的专家、学者及能工巧匠,建立社区教育师资库;充分利用国家数字资源中心、各级开放大学的数字媒体资源,向市民提供服务。三是社会各部门功能的有力联合。如与团市委联合开展"万名青年志愿者进社区",与市委宣传部、老干部局、市教育局、市文广新局等6个部门联合举办社区教育艺术节及"全民阅读进社区"等活动。

所谓"三学",一是指市民便学。"送教进社区",订单式课程派送直接进社区,内容贴近百姓,形式生动多样,打通居民学习的"最后一公里"。二是指平台智学。启动智慧学习平台建设,利用现代信息网络技术构建"两网四平台",为南通市终身教育体系服务。三是指体验乐学。通过开展广大居民喜闻乐见的体验活动寓教于乐,丰富居民闲暇生活,让广大居民在体验活动中收获快乐,在文化交流中陶冶情操,感受社区教育的魅力。

(三) 基本特点

1. 政校与社区联动，为全市社区教育提供组织保障与人才支撑

引领指导，夯实社区教育体系。南通市社区教育服务指导中心担负起全市社区教育业务指导和管理服务的使命，组建师资库，建立名人名师社区工作室，组织社区教育骨干培训近百次。通过搭建交流平台，开展课程派送，指导课题研究等措施，着力夯实四级社区教育体系，推进社区教育基础能力建设。成功创建了12个省标准化社区教育中心、97个居民学校、1个农科教结合基地，获评两个"江苏省老年教育示范点"。

多方联动，形成社区教育合力。与党政部门、行业协会合作，挖掘行业精英、民间艺人，组建了800多人的社区教育师资库和6 000人的社区教育志愿者队伍。为社区居民提供政策、法律、科普、义诊、健教等15类100多项服务，为提高社区教育质量提供了人才支撑；与市委宣传部、市文广新局、团市委、市教育局等多个部委办局联合开展"万名青年志愿者进社区""全民阅读进社区"、社区教育艺术节等八大工程，形成了多方参与、资源共享、合作共赢的大社区教育格局。

项目推进，增强社区教育动力。与市文广新局合作，建立诗社、读书会，开展阅读沙龙、名家讲座、亲子共读、专业培训，打造"书香南通"；与市委宣传部等六部门合作，开展社区教育艺术节，内容包含广场舞、大合唱、朗诵、戏曲、瑜伽、摄影、书法，有万人参与；与崇川区政府合作，推进"科普进社区"，举办公益性、群众性的科普活动，倡导科学生活；与司法局合作，成立阳光教育学院，在全国首开面向社区矫正人员的教育，有效融入社会治理。

2. 指导与服务并重，为实现南通教育现代化提供有力支持

打造"十分钟学习圈"，处处可学。南通社区教育坚持重心下移，网络化覆盖，着力构建方便快捷的居民学习服务圈。社区开菜单，学校送课上门，点对点服务，开课社区达100多个，派送课程170门，年平均一千余场，直接服务社区居民超过十万人次，大幅提升了居民社区教育活动年参与率。

面向各类人群，人人皆学。关注特殊群体，与司法局合作，成立阳光教育学院，在全国首开面向社区矫正人员的教育，有效融入社会治理。在南通市竹行、观音山等"农转居"新型社区开展新市民素质培训，内容涉及职业技能、法律知识、文明礼仪等方面，帮助新市民适应城市生活，提高综合素养，增强对城市的归属感、认同感、责任感，促进社会和谐。

构筑智慧平台，时时能学。新上线的南通终身学习网设有新闻动态、资源中

心、直播课堂等六大项,新增课程资源2 000多门,为社区居民在线学习、移动学习提供了方便。

3. 传承与弘扬并举,促进非遗文化和乡村文化的保护与宣传

推进"非遗进社区"工程,普及地域文化。在全市38个社区开设了18个非遗课程班,服务2 500多人次,培养非遗达人200多人,提高了居民的非遗保护意识,丰富了居民的精神文化生活,进一步激发了居民保护和传承非物质文化遗产的兴趣。

开展"非遗进校园",培育工匠精神。学校结合"特色学科"和"特色专业"建设,聘请非遗传承人走进校园,走上讲台,开设非遗系列课程,使学生学习非遗技艺,感悟工匠精神,提高职业素养。一大批学生成为非遗文化志愿者,主动承担非遗传承人的资料收集和整理,积极参与各类非遗宣传活动,利用双休、假期到非遗工坊为游客讲解,让更多人了解南通非遗文化。

二、社区教育经费投入

1. 不断加大专项经费投入

各县(市、区)均出台了相关文件明确规定加大社区教育投入力度,确保县、镇两级财政按年人均标准安排社区教育(成人教育)经费并列入财政预算,根据区域经济社会发展实际逐年增长。市开放大学把社区教育经费纳入本校经费预算,根据实际情况逐年增长,并且积极争取政府经费支持。学校在开展公益教育的同时积极稳妥地举办各类社会培训,拓宽社会教育经费筹措渠道,学校社会教育中非学历培训平均每年创收1 200万元以上。各部门、各镇(街道)、企事业单位根据各自职责、任务,落实好相应的社区教育、职工教育等继续学习经费。采取"政府拨一点、单位出一点、社会筹一点、个人拿一点"的办法,建立了以政府保障为主、多渠道筹措辅助的社区教育经费投入机制。

2. 进一步规范经费使用办法

在社区教育专项经费的使用上,明确使用范围。主要用于各县(市、区)开放大学社区教育培训指导和服务、终身学习网站的开通和维护,以及各区镇社区教育中心开展相关教育培训活动、推进学习型社会建设和相关项目创建等方面。细化财务管理制度,严格执行财务制度,根据学校经费使用管理办法,研究出台了《关于加强社区送教课程管理的意见》,确保社区送教课程有据可依、有章可循,这是全国首例。对于省开放大学通过项目合作方式下拨的社会教育经费进

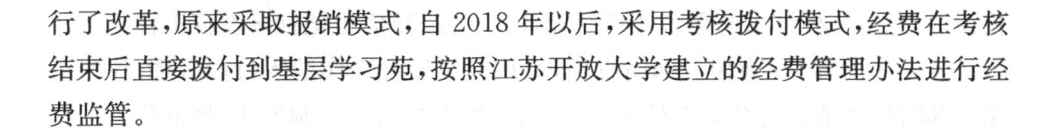

行了改革，原来采取报销模式，自2018年以后，采用考核拨付模式，经费在考核结束后直接拨付到基层学习苑，按照江苏开放大学建立的经费管理办法进行经费监管。

三、社区教育队伍建设

（一）参与主体

从南通社区教育发展现状看，地方政府、教育主管部门、开放大学、社会学术团体、社区教育学校和社区教育教师是推进社区教育队伍建设的六大重要主体，他们在推进社区教育队伍建设中角色不同、职责有别。其中，县、乡镇（街道）两级地方政府和县教育局、乡镇（街道）教管办主要是从政策保障、制度保障和经费保障层面上，给予社区教育队伍建设以重点倾斜和重点扶持；市开放大学负责全市各级社区教育组织开展日常社区教育工作的业务指导、指导社区教育品牌建设和各类社区教育资源整合；社会学术团体即各级成人教育协会主要是从组织和开展各类教科研活动层面上，为社区教育队伍素质的整体提升提供了多方位的帮助；社区教育学校作为社区教育队伍建设的第一责任主体，主要是为广大教师提供学习便利，促进教师专业成长；广大社区教育教师主动学习、积极参加社会实践活动、不断提升组织和教学能力，使得全市社区教育教师队伍的整体素质跨上了全新的发展平台。

（二）管理者队伍建设

全市各乡镇（街道）社区教育中心、居（村）民学校（教学点）都有专兼职管理员，为了加强全市社区教育管理者队伍建设，提高社区教育管理水平，南通在社区教育管理者队伍建设中做到把好"三关"。一是"选拔关"。社区教育管理有别于普通教育，要求管理者不仅要具备学校管理能力，还要有良好的沟通协调能力，更要有热爱社区教育工作的精神。选拔社区教育管理者一是尽量是当地镇（街道）学校的管理者，充分征求当地乡镇（街道）领导和各方面的建议；二是充分考虑其综合能力，确保能胜任、能做好社区教育工作。二是"培训关"。各县（市、区）教育局每年对辖区内所有社区教育管理者进行专题培训和参观学习，不断提升社区教育管理水平，学习先进的社区教育管理理念。三是"考核关"。各县（市、区）教育主管部门每年对社区教育中心的基础建设、学校管理等方面进行考核评估，并将考核结果与单位年度绩效挂钩；各级政府也把社区教育工作列入教育督导工作内容，明确相关部门责任，并将社区教育工作纳入目标管理，作为对相关部门和乡镇政府绩效考核的重要内容，推动社区教育制度化、规范化。

(三) 师资队伍建设

1. 完善政策保障体系

在政策层面上，针对当前农村社区教育知晓面不广、认同感不强和参与率不高的现状，不断加大舆论宣传和引导力度。广泛宣传社区教育工作的重要意义和主要目标，大力宣传发展社区教育、推进学习型社会建设的重大意义和先进典型，表彰在农村社区教育宣传、组织和活动开展方面做出突出贡献的先进单位和个人，努力营造崇尚学习、尊重知识、尊重人才的良好氛围。同时，将农村社区教育工作列入对各级政府教育工作的检查督导和考核范围，强化政府职责，推进以法治教，促进社区教育工作制度化、规范化、特色化发展。

在制度层面上，进一步完善社区教育专职教师职称单独评定制度，核定社区教育编制岗位，稳定社区教育机构师资队伍。对于社区教育专职教师的选聘，纳入全县教育部门师资规划进行统筹，着重选拔工作责任心强、业务能力好的中青年骨干教师充实到社区教育队伍。

在管理层面上，进一步健全县、镇两级社区教育委员会及其相关机构，加大对社区教育和学习型社会建设的统筹力度。建立健全各级社区教育管理体系，细化对社区教育教师的管理措施，将社区教育教师培训纳入中小学骨干教师培训体系之中，通过开设讲座、集中轮训等行政推动手段促进社区教育形成自主创新、独具特色的师资培训模式，整体提升社区教育教师的学历层次和业务知识水平。

2. 引领教师专业成长

积极搭建教师学习平台。各县（市、区）社区学院会同各区镇社区教育中心充分利用自身的组织和资源优势，通过多模式、多层次、大范围整合各级各类优秀教育资源和网络节点，开展资源共建、共享、交易、交换，在为建设人人皆学、处处可学、时时能学的学习型社会提供高效、便利的数字化学习支持与服务的同时，积极为社区教育教师开辟出了更多、更好的学习平台和信息互动空间。在建好校级社区教育网站的同时，鼓励广大教师重点以"南通终身学习网"为主要学习平台，充分利用网站学习资源，不断拓宽社区教育专业视野。在基础设施配备方面，各社区教育学校努力创造符合社区教育要求、具有社区教育特色的学习环境，为教师获取新信息、学习新知识提供了便利。如学校订阅社区教育报刊、杂志，购置社区教育和终身教育专著，配备教师专用计算机、多媒体等。在活动平台搭建方面，各社区教育学校统筹安排、精心策划，积极为广大教师提供相互学习、交流的机会。

精心组织系列教科研活动。现代社区教育不仅需要教师拥有丰富的学科专业知识和较强的组织能力，而且需要教师具有一定的教育科学研究能力。各县（市、区）教育局主管科室及各级社区教育学校积极鼓励广大教师，通过开展各级各类课题研究、经验交流、学习观摩、论文评选，以及社区教育优秀项目、优质课程的评选等，为广大社区教育教师的专业成长构建常态化相互交流、相互学习的桥梁。

明确教师专业学习方向。根据时代在变化、产业在升级、要求在提高、民生有需要的发展态势，各社区教育学校牢固树立"以需求为导向，以服务为宗旨，以质量为根本，以创新为动力"的办学理念，深入开展新型农民教育培训的调研，并形成制度。在摸清情况、掌握信息的基础上，注重研究农民学习需求，开设农民培训课程，创新农民学习方式，本着"干什么，学什么；缺什么，补什么；差什么，练什么"的原则，突出按需培训，强化培训工作与当地产业的关联度，把发展农民的技能特长与农业生产和新农村建设的需求相结合，大力培养"土专家、田秀才"式的新型劳动者，满足农民致富需要。

注重综合能力养成训练。引导社区教育教师通过多种途径努力提升自身的工作能力，是促进其专业化发展的重要基础和主要内容之一。近年来，在引导社区教育教师专业成长的过程中，我们重点突出了计划、协调、指导、服务等四种能力的培养，积极为社区教育活动的顺利开展营造良好的氛围、创设良好的环境。

（四）志愿者队伍建设

南通社区教育志愿者队伍建设是通过与团市委等党政部门合作"万名青年志愿者服务社区教育"等工程，目前已经拥有社区教育志愿者约115万名。志愿者队伍常年义务为社区居民提供政策、法律、科普、义诊、健教等15类100多项服务，发挥了带头参与社区建设、带头做教育工作的优势，为加强社区教育工作奠定了有力的组织基础。如开展"党员进社区"活动，组织社区党员与社区困难职工结对，服务社区困难职工；南通开放大学探索"养教结合、教助并举"老年教育模式，与如皋长寿养生园建立老年教育实验基地，由面向社区延伸拓展至面向养老机构。

四、社区教育数字化平台及资源建设

在数字化平台建设方面,一是依托江苏开放大学,共享"江苏学习在线"资源,建成"南通终身学习网""曹埠学习在线",全市各区镇社区教育网站开通率100%,基本形成了覆盖城乡的数字化学习网络,完善了信息发布、资源配送、网上学习、教学管理等功能,为全市的社区教育管理和市民闲暇学习创建了随手可及的网络化平台。二是依托"乐学南通"微信公众号,每月4期推送市、县、乡镇街道社区教育主题活动。

(一)数字化学习平台建设

新建服务南通全市的"南通终身学习网"。2018年,在江苏开放大学社指中心的全力支持下,南通市教育局、南通开放大学新建了"南通终身学习网"。该网站是一个以推进市民终身学习、促进人的全面发展为宗旨,集课程学习、信息交流、资源管理、成果认证及社会服务于一体的覆盖全市的终身教育数字化学习系统平台,主要面向全市市民,为全市市民提供终身网络化学习便利。在线学习系统赋予了乡镇(街道)层级的管理权限。乡镇(街道)、县(区)和大市都具备后台信息传送功能,所有活动信息均通过平台统一管理,市社指中心负责审核发布和数据统计,为全市社区教育管理的信息化和数据化奠定了坚实基础。

借助数字化学习平台,开展社区文娱活动。振兴城乡社区文化,是社会主义新农村建设的重要内容,也是建设和谐乡村社区的内在需要。通过数字化学习平台建设有效地整合了各类社区教育资源,在开展丰富多彩的学习教育活动的同时,基本满足了社区成员不同层次的精神需求。通过对学习型村组、学习型家庭、学习型个人的创建和宣传,加强社会主义核心价值观教育,使广大城乡居民始终保持昂扬向上、开拓进取的精神风貌。"曹埠学习在线"通过网上群众性文化娱乐展播,把群众喜闻乐见的科教、文体、法律、卫生进社区的各项活动反复进行宣传报道,积极倡导科学、文明、健康的生活方式,从而达到全面提高广大城乡居民整体素质的目的。

(二)课程资源建设

明确社区教育课程资源建设与开发的主体。社区教育课程的建设与开发应该是社区教育管理者、社区教育教师、社区学习者三者共同努力去完成。南通市社区教育教师群体是主要的开发力量,对于课程的建设与开发不仅限于"教学过程",教师和管理者还渗透到社区教育课程建设开发的全过程。注重引导社区广大居民认识到社区教育课程开发是关系到自己的事情,居民有权选择开发什么样的课程内容,有权选择参加什么样的学习形式,有权对社区教育课程提出质疑和建议。

明确社区教育课程资源内容的编审责任。南通采用分级管理的模式明确社区教育课程资源的编审责任。由县级教育主管部门牵头,建立县、镇两级社区教育课程资源建设管理组织。其中,县级以社区学院(社区大学)为主要管理单位,乡镇以社区教育中心为主要管理单位。县社区学院(社区大学)对乡镇社区教育中心课程资源建设有指导和审查的义务,乡镇社区教育中心对村居民学校、学习型组织等课程资源的编写工作有指导和审查的义务。县、乡两级管理单位将课程资源建设列入所在单位中长期社区教育发展规划和年度社区教育工作意见中,做到课程资源的编写、审查和推广工作有计划、有目标、有考核,使课程资源真正切合民情、适合民意,真正发挥课程资源在科学引领村居民素质提升、推动新农村建设进程中的重要作用。

专兼结合,精选编写团队。综观目前全市社区教育专职教师队伍的构成,县级社区学院专职教师队伍的专业性和业务水平相对较高,乡镇社区教育中心专职教师队伍的素质则是参差不齐,多数人员是由普通中小学语文、数学等学科岗位调剂而来,对于社区教育领域所要求的相关专业知识知之甚少。因此,各社区教育机构在建设课程资源时,注重师资力量配备,精选文字功底好、专业知识相对较强的专职教师和兼职教师共同组成编写团队,同时还兼容了本区域内相关专业的权威专家,并主动聘请或咨询各地区农技、渔政、医院、公安等相关部门的专业人员,确保了所用资源的科学性和严谨性,并在本区域具有一定的推广价值。

建立平台,丰富课程资源。在课程资源建设上,南通启动了智慧学习平台建设,充分利用南通终身学习网开展数字化学习服务,拥有6大类、43子类、2 000学时的学习资源,让居民能够按需选择报名参加学习活动,多样化的学习形式极大满足了老年人的学习需求。

(三)资源建设的特点和变化

"十三五"期间,在资源建设方面,坚持凸显"短、平、快"的特点,注重"实际、实用和实效"的检验标准,使得社区教育资源建设更具有针对性和实用性,做到既适合广大农村居民的口味,易于为大多数文化层次较低的农村学员所接受,又最大可能地传播科学知识,灵活准确地传授实用技能。主要变化有三个方面:一是学校主体性进一步明确,按照社区教育四级网络架构模式,社区教育资源建设以各县(市、区)社区学院和乡镇社区教育中心为主体,分别依据各自教育培训需求,组织所在学校专兼职骨干教师开展资源研发和编写工作,同时也可以整理和收集其他行业、部门的培训资源纳入本区域社区教育资源建设范畴。二是区域指向性进一步体现,由于全市各县(市、区)产业结构特点不尽相同,乡情民俗千差万别,社区教育资源建设必须紧扣区域经济社会发展的要求,充分体现本土化、区域化的教育目标,集中反映所在区域居民的学习意愿。三是内容实用性进一步彰显,"可学、易懂、能用"是社区教育资源建设的基本要求。尤其是农村社区教育以"三农"为主要服务对象,课程资源建设理所当然要重点突出农村实用技术培训和现代农民素质教育。针对农村学员整体素质较低的现状,避免教材的纯理论、纯知识化倾向,注重培训内容通俗易懂,能够让多数农村学员理解和接受,进一步增强教育培训的实际效果。

五、社区教育课题及研究

从内容上看,课程理论性和政策性研究类课题逐渐减少,实践性和实用性研究类课题明显增多。全市课题研究主持人和参与人主要为在职社区教育专职教师,这些专职教师不仅是学校的教育教学骨干,而且以中青年教师居多。近两年增加的科研人员主要是高校成人教育战线上的部分教师和研究人员。近年来,研究载体不断多元化,不但包括国家、省、市、县及相关社区教育机构出台的系列政策性文件工作举措,以及本校、本区域在推进社区教育发展过程中已经实施的一些工作经验和做法,还包括社会教育中跟社区有关联的分支,如家庭教育、亲子教育、医养教结合管理等方面所取得的系列建设成果或存在的一些问题。

研究采用的方法更加多元化,主要包括:调查法、比较研究法、观察法、文献研究法、经验总结法、个案研究法和实证研究法等。社区教育的内容涉及到生活和学习各方面,部分课题组通过问卷对南通地区社区不同年龄段居民的学习习惯、需求及偏好进行调查,涵盖生活常识、身体保健、休闲娱乐、职业技能、文学艺术等8类课程,根据居民需求开发出社区教育微课案例投入到社区中应用。

纵观全市各类研究课题,创新之处有很多,其中主要有各地区在实验和推广过程中,如何做到因地制宜、分层推进,怎样进行分类试点、典型示范,并达到拓展内涵、完善提升的工作目标等。首先,选题体现时代性。部分研究立足于教育信息化与社区教育发展的背景下,选取当下教育技术领域关注比较多的热点问题。尝试将理论与社区教育相结合,展开应用于社区教育的研究,促进社区教育和学习型社会的发展。其次,研究内容多元化。对于微课的建设,目前主要以拍摄教师课堂教学的过程,录制成课短片为主。部分研究通过录屏、实录和多种资源相结合的形式来展现微课内容,丰富了微课的开发方式。再次,研究成果应用现代化。部分研究通过微信公众平台来应用,构建社区教育学习模式。课题通过应用对其进行使用效果分析和评价,进一步完善社区教育微课开发的各个环节。最后,在研究方向上有侧重。主要侧重于研究促进区域社区教育规范发展和优质发展的工作理念和工作思路,科学制定区域社区教育相关项目建设的细则,探索实施区域社区教育高标准建设的具体策略,帮助广大社区教育工作者在实践层面上明晰社区教育应该"做什么"和"按什么标准去做",促进区域社区教育有序、规范发展。

六、社区教育存在的问题与对策

(一) 发展经验

1. 传播文化,提升居民素质

开展好社区教育是构建和谐社区的基础,居民整体素质好坏是体现社区文明程度和发展水平的重要标志,也是提升城市形象的具体体现。为此,南通社区教育从课程派送、开展活动、项目引进入手,全面与社区开展合作共建,着力提升居民素质。

一是派送订单式课程,营造学习氛围。遴选和组织责任心强、业务能力过硬、教学水平优良的教师进社区,为社区提供订单式派送课程。社区教育基本覆盖全市各个社区,开设的项目课程一百多门,主要包括基础型、技能型和特色型三大板块课程,建立了传统文化、养身保健、家庭建设、高雅艺术、信息技术、文化知识等六大系列二十多个品种的课程体系,内容贴近百姓,形式生动多样,较好地满足了广大社区居民个性化、多样化的教育需求,受到了广大社区居民的欢迎。每年直接听课的居民达到十几万人。

二是开展特色活动,推进文化传承。如"非遗进社区"项目,在活动开展过程中邀请南通剪纸、棕编、盆景等传承人走进社区,宣传非遗文化,传授非遗技艺,培养非遗达人,提高社区老年人的非遗保护意识,丰富社区老年人的精神文化生活,进一步感受非物质文化遗产的魅力,更好地保护和传承非物质文化遗产;推动记录乡村影像,开展乡村影像志建设活动;与南通市崇川司法局合作开展"阳光教育学院",南通开放大学充分发挥社区教育的系统优势,为社区矫正人员提供心理疏导、法律服务、文化教育、就业导航等课程,并针对生活有困难的矫正对象,动员志愿者力量做好帮扶工作,把解决实际困难与矫正其思想行为有机地结合起来,不断提高教育矫正效果。与南通市宣传部等6个部委联合开展"社区教育艺术节",在全市居民中掀起了全民学习、终身学习的热潮。

三是打造"百千万"工程,抓好老年教育。以实施"老年教育百千万工程"(百所示范老年学习苑、千人老年教育优质师资库、万名老年人乐学工程)为抓手,积极探索老年教育新模式。目前,老年学习苑建设已经在南通市崇川区虹桥、和平桥、文峰等街道、港闸区经济开发区等地全面展开,构建的老年人"十分钟学习圈",较好解决了以往老年教育存在的报名难、路程远、交通不便等问题。2014年9月,南通开放大学开放教育面向老年群体开放办学。

四是拓展多元化教育,开展新市民培训。如南通市竹行、观音山等"农转居"新型社区居民街道集中开展新市民素质培训。培训内容涉及科普常识、投资理财、职业技能、法律知识、文明礼仪等方面,帮助新市民尽快熟悉城市生活规则,适应城市生活方式,提高城市生活所必需的综合素质,增强对城市的归属感、认同感、责任感。

2. 身心体验,丰富闲暇生活

让广大社区居民拥有丰富多彩的闲暇生活,不断提升综合素质和幸福感是南通社区教育重点关注的主题之一。近年来南通社区教育围绕该主题开展了卓有成效的工作。如开展的"名人名师工作室进社区"活动即聘请社会名师,成立相关社区工作室。目前,已在任港街道、文峰街道等成立了杜鹃古筝、大海陶艺、孙鑫书法、邵馨怡瑜伽等工作室,在名师的名人效应下,居民积极参与,技能明显提高,受到一致好评;建设社区教育文化体验中心,逐步在相关街道内建立社区教育体验中心、体验室,已投入使用的位于学田街道的社区教育文化体验中心,已接收多批居民体验烘焙、书法、陶艺、摄影等项目。组建群众性文艺队伍,不断丰富社区居民的精神生活;挖掘社会人才,组建各类文艺队伍。根据居民特长,有选择地在各社区成立文艺队伍,如戏曲、舞蹈、合唱、朗诵等,并选派师资库中的骨干教师定期辅导,使广大居民在参加文艺群体活动的同时,身心得到了锻炼,精神得到了陶冶,素质得到了提高。以老年摄影学历班学员为骨干成立的

"银龄拍客团"定期外出采风,摄影作品在省市级摄影比赛中屡屡获奖;以老年诗词赏析班学员为骨干成立的"老友诗社"多次参加市级朗诵大赛,获得好评。

3. 多方联合,打造党建基地

学校充分发挥教师党员的先锋模范作用,与南通市各街道(乡镇)先后合作成立港闸区少儿素质拓展基地、家长学吧、新华社区党建基地、秦灶街道市民学习基地、如皋长寿养生园老年教育基地、观音山抗日革命教育基地、崇川区文化体验基地等主题鲜明、富有特色的社区教育党建基地,为社区教育的活动开展提供示范和引领。指导通州区刘桥镇英雄村重点打造社区教育党性教育特色基地,该基地由集中展示室、党员教育实境课堂、历史传承中心村史馆、党员学习中心、综合文化服务中心五个部分组成,基地入围南通市党员教育实境课堂和通州区党性教育基地。2018 年与通州区刘桥镇党委合作开发了具有地方特色的 4 个系列的方言微党课 13 期,直接服务党员 3 000 多人,受教育群众 5 万人次。2018 年 11 月,南通开放大学社区教育党建基地落地港闸区唐闸镇街道新华社区,社区拓展"党建+"模式是激发党校教育工作新活动的重要举措,"请进来、送出去"的方式,丰富了社区党校内涵。

(二)存在的问题及对策

1. 存在的问题

体系建设还需进一步强化。目前,南通虽然已经建立了社区教育的四级网络体系,但体系内各组织还略显松散,联系还不够紧密。由于体系内的各组织各自相对独立,市开放大学虽统筹全市社区教育的业务指导工作,但缺少有效管理和激励的措施和手段。

活动质量还需进一步提高。在活动项目的种类方面,不少乡镇开展社区教育活动的项目较为单一,忽视提升居民综合素质所必要的其他相关教育科目。在活动开展的次数和参与活动的人数方面,相关农村社区教育机构办班办学和组织主题教育活动的次数偏少,总体上参与社区教育活动的人数不多,居民社区教育活动的参与率不高。很多参与活动的居民没有真正体验到参与活动的乐趣,没有学习和获取到自身所需要的知识、技能,农村社区教育在促进居民素质提升中所发挥的作用和绩效不够明显。

社会评价认可度还需进一步提升。少数地区对社区教育认识不够,不少农村居民对社区教育的知晓度有限,少数农村居民因为没有享受到社区教育活动所带来的利好,常常会出现排斥和逆反心理,片面地认为一些社区教育活动是所谓的"花架子""形式主义"等。

2. 对策建议

进一步提高对社区教育工作的认识。社区教育事业是阳光事业、奉献事业、功德事业，意义重大。社区教育的领导和工作人员要创新理念，增强社区教育的责任感和使命感，秉承"社区教育，有为才有位"，扎实工作，开拓进取。全市应进一步加强社区教育的宣传组织工作，加深对于社区教育的认识，稳步建立健全社区教育工作分类指导、分层推进的工作机制，将工作任务分解到部门，责任落实到人，形成各司其职、合力推进社区教育建设的良好局面。

进一步加强区域内的资源整合与统筹。加强社区教育工作，关键在人。全市要不断加强师资库和志愿者库建设，动员更多的组织与人员参与社区教育，通过与相关党政部门、行业协会合作，挖掘行业精英、民间艺人等师资资源，组建社区教育师资库。争取与党政群团对接合作，形成齐抓共管的合力，扩大社区教育的影响力。加强部门间的合作与交流，多领域多部门联合组织社区教育活动。增加社区教育学习活动的门类，为社区居民提供政策、法律、科普、义诊、健教等多项服务。

进一步加大财政支持和经费投入。社区教育是公益性的事业，政府的资金支持至关重要，在现已设立社区教育专项经费的基础上，做到有计划的逐年增加和专款专用。研究出台一系列优惠政策，大力鼓励企业界和乡贤等有识之士投资创办不以盈利为目的的社区教育机构，以满足广大市民求学、求乐的需要。建议各地建立多元化的投入机制，街道（乡镇）财政要把社区教育中心办学经费纳入本级财政预算，并根据财政增长情况和社区教育事业发展的需要，逐年适当增加。街道（乡镇）社区教育中心可以多渠道筹集经费，争取社会各界赞助，通过购买服务等方式，积极鼓励和吸引社会资金参与社区教育事业的发展。

进一步创新社区教育活动示范项目。示范项目的不断创新是社区教育向前发展的动力。社区教育有活动才会有活力，有活力才能进一步争取有魅力。各地应不断加强社区教育实验项目开发，将已有的项目建设好；鼓励各级办学机构结合地方资源打造特色品牌，引导居民积极参与到社区教育中来，逐步形成互助互学的自主管理机制。

供稿单位：南通市教育局、南通开放大学

淮安市"十三五"社区教育发展报告

一、社区教育政策保障和组织机构

（一）基本管理体制

实行公权力推动下的政府主导型。淮安市社区教育管理依靠各级政府、党委主要领导或分管领导担任社区教育委员会及相关领导机构的负责人，配置人力、物力、财力，发挥主导作用。在经济发展相对不发达的苏北地区，社区教育更加依靠、依赖政府来启动、推动，这是保障社区教育不断前行的关键，也是推动与发展社区教育最切实有效的力量。

实行教育局指导下的分级管理型。淮安市建立社区教育联席会议制度，联席会议办公室设在淮安市教育局，县（区）建立社区教育委员会、联席会议制度或社区教育工作领导小组，定期或不定期召开社区教育联席会议，研究解决社区教育问题；各乡镇（街道）均建立了社区教育委员会，各居（村）委会建立了社区教育工作小组，负责辖区内社区教育工作，基本形成了"市社区教育联席会议办公室—县（区）社区教育委员会—乡镇（街道）社区教育领导小组—居（村）委会社区教育工作小组"四级社区教育组织管理框架。政府统筹，教育局主管，文明办、法制办、人社局、民政局、妇联、共青团、残联、老年委、卫计委、工会、科协等配合支持，开放大学、社区教育学院协助，辖区内各级各类高等院校、成人教育学校及培训机构，公办民办中小学校和幼儿园，文化中心、图书馆、镇村农家书屋和科普馆等教育资源作为依托，镇（街道）文化站、关工委、关爱驿站、退管中心（老年活动中心）等公共服务机构有效整合，实现资源共享，村（居）委会建立居民学校，初步形成了具有淮安区域特色的社区教育管理体制。淮安市出台了社区教育相关实施方案或管理办法。如《关于推进学习型社会建设的指导意见》《淮安市社区教育考核方案》《淮安市居民终身学习制度》《社区教育专项督导制度》《淮安市社区教育考核评估细则》等。

实行共同体驱动下的合作共治型。共同体驱动下的合作共治型社会教育是在基于共同志趣、共同目标、共同时空等因素形成的共同体,实行平等共管,承担政府的一部分社区教育职能。目前,有淮安市培训协会、淮安增材(3D)协会、淮海夕阳红歌舞团、淮安老知青歌友会、陈氏太极拳协会、叶志斌诗词协会、清江浦退休教师之家、好妈妈社区等150多个初具或已经具备学习共同体特征民间组织。这些组织有的尚处于民间社团阶段,或者说草根社团阶段,有的已经成为学习共同体。

(二) 基本办学模式

地方政府主导型模式。政府主导型模式是强调政府在社区教育发展中处于核心地位。此种模式是县(市、区)、乡镇(街道)按照居民生活、生计、情感等具体需要,以及社区经济、文化及社会发展的实际情况,制定出社区教育发展的决策,明确社区教育发展的具体路径,并给予人、财、物等方面的支持,推进社区教育资源合理配置。政府牵头,统筹协调各辖区内的教育、科技、文化、卫生、经济、公安等部门和工青妇等社团组织,根据各自职能,发挥资源优势,共同开展城镇社区教育,力求形成"共建、共管、共享"格局。这一模式具有权威性高、统筹性强、覆盖面广三大优势,便于政府部门发挥主导作用,是目前社会教育的一种优势模式。政府主导型社会教育模式具有如下典型特征:一是教育的针对性;二是教育的公平性;三是教育的可持续性。政府主导型模式确立的是党政领导、教育部门主管、其他部门配合、社会力量广泛参与的管理体制,在这种体制下,政府的组织及动员能力较强,能够保证社区教育发展的稳定,有利于社会教育的持续开展。

辖区学校主导型模式。学校主导型模式是以辖区内开放大学、社区学院、中职校、中小学和乡镇(街道)社区教育中心为教育场所及教育主体的一种类型。这种模式是在政府政策的保障下,利用学校的教育、文化和人才优势,向社区内的社会教育、家庭教育及其他社会事业延伸、扩展,推动教育社会化,动员学校力量为社区的建设和发展做贡献。此种模式体现了学校教育的主体性作用,通过学校这一特殊场所来凝聚社区情感,推动社区文化生活的开展,凸显学校教育的理性与力量,促进生命价值及精神力量的提升。社区教育是一种教育机会最为公平的教育活动,使得每个人能够充分享受教育权,能够为每个个体提供充实的社会生活方式。

民间社团共同体模式。民间社团是指不以营利为目的,主要开展公益或互益性活动,独立于党政体系之外的正式的社会组织。此种模式的发展是基于居民个体内在共同的学习动机以及本土文化的历史传统,在自发过程中形成的。目前,据不完全统计,淮安市在相关部门登记备案的、有一定社会影响力的民间社团有150家。另外,还有一些民间社团处于培育成长阶段,没有登记,名副其实地属于"民间"。自主生长型的社区教育模式将社区教育视为一种开放、动态的自组织形态,具有自主性、自发性与社会生长性。因此,这种模式的社区教育具有与政府主导型、学校主导型不一样的特点:教育的自主性、教育的组织性与教育的共生性。

(三)基本特点

全民参与,资源共享。社区内开展的各项有益的教育活动,社区居民都可以按照自己的意愿选择参加;社区居民既是受教育者,又是社区教育的管理者,他们可以对社区教育的政策、计划、活动提出意见,可以选派代表参与社区教育的决策。资源共享就是社区内的所有学校、文化体育、新时代文明实践站(所)文化设施都向社区的全体居民开放,以有偿或无偿的方式供大家使用。

服务居民,服务社区。社区教育是一种服务,没有什么严格的规定、界限。社区的多种教育机构、设施都可依据实际的需要举办多种教育活动,学习的内容、形式不作统一的规定和要求,最大限度满足社区及社区居民学习需求。比如,淮安开发区积极开展企业职工就业技能培训,服务辖区企业与广大居民,社区学院、总工会、人社局等多部门联动为辖区企业用工提供培训服务,连续三年举办企业职工技能大赛,为企业职工专业技能提升搭建了展示平台。

建设智慧型社区,推进学习一体化。部分县(区)借助"智慧社区"的支撑,积极推进社区教育的信息化、数字化和网络化建设。围绕"1234"——建好一个中心、抓好两支队伍、搭好三大平台、搞好四项活动,扎实推进全民终身学习,努力创造新特色、打造新优势、锻造新品牌,促进社会又快又好发展。淮安开发区依托智慧社区高清互动电视638频道、门户网站、手机微信、APP平台等,积极推进"智慧社区"的自主学习活动。市电视台与市老年大学合作,开设699老年教育频道,已创成省级社区教育品牌项目。

二、社区教育经费投入

淮安市委市政府重视社区治理与社区教育工作,要求各县(市、区)将社区教育经费纳入本级政府教育经费预算,以社区的常住人口为基数,总体上按每人每年不低于4元的标准,核算、筹措社区教育经费。市县财政每年拨付专项经费用于发展社区教育,各乡镇(街道)也投入相应的配套资金,用于建设乡镇(街道)社区教育机构,全面推动社区教育。同时鼓励各社区教育成员单位通过社会融资等方式,多渠道解决社区教育经费问题,采取"政府拨一点,社会筹一点,单位出一点、个人拿一点"的办法,筹措社区教育经费,促进社区教育的健康发展。同时,发挥社会能人热心教育事业的热情,积极筹措教育经费,逐步形成"政府投入为主体,社会力量为辅助"的社区教育经费投入机制。淮安市社区教育投入经费呈现逐年上升的趋势,年经费投入总额平均约为1 496万元,其中,社区教育专项经费418.77万元,县(区)、街道(乡镇)、居(村)委会三级社区教育网络经费投入总额近490万元,基础建设经费总投入约为473万元。以"十三五"末常住人口493.26万为基数,实际上人均社区教育经费为3.03元/人·年。

各县(区)加强对社区教育经费投入制度建设和统筹协调,并要求结合社区实际,制定实施管理细则,确保各项工作落到实处,各项责任落实到人。由于各县(区)经济发展不平衡,有些县(区)教育专项经费不能足额拨付,只是保证了一些重要活动的开展。还有些县(区)教育经费没有达到经常性、稳定性和稳步递增。由于一些县(区)、乡镇(街道)财政财力不足,配套资金也没有能够及时、足额拨付。目前,淮安市在社区教育经费保障机制上还存在社区教育经费投入保障制度还不够健全、政府财政性投入尚显不足、管理标准有些模糊等问题。

三、社区教育队伍建设

(一)参与主体

辖区党政机关。公共管理和公共服务是政府必须履行的职责,社区教育作为一项公共事务必然要得到政府的领导与管理。政府是社区教育的掌舵者和监护人,在社区教育的发展过程中发挥主导作用,实施宏观管理,制定大政方针,拨付教育经费。然而,单靠政府管理的社区教育是发展不平衡的,难以契合居民多元化的学习需求,难以适应终身教育的发展趋势。

社区教育中心。社区教育中心是社区教育的决策组织者和具体执行者,它是社区教育发展的战略基地和公共机构。社区教育中心涉及的成员主要是社区教育的管理者和社区教育的教师。社区教育管理者主要是指乡镇(街道)党政组织、社区居委会及分管部门的领导、专兼职管理人员。师资队伍则是一个多元化的动态群体,包括专兼职教师和志愿者等。淮安市共有乡镇(街道)社区教育中心115所,其中创成"省级标准化社区教育中心"100所,在进行"撤乡并镇"调整行政区域划分后,已实现省级标准化社区教育中心全覆盖。

社区广大居民。社区居民是社区教育的直接受益者,是社区教育的施教对象,但长期以来,社区居民在社区教育中处于被动接受的地位。联合国教科文组织指出:"社区教育最重要体现的是社区居民对教育拥有的决定权。"因此在社区教育发展进程中,社区居民应该重塑角色,变被动接受为主动参与,进行自下而上的决策与管理,让社区教育真正实现全员、全面、全程。

民间社会团体。民间组织,亦称为非政府组织、非营利性组织或第三部门,是指除了政府以外的其他为实现社会公益的组织,被分为民间社团和民办非企业机构。社区教育作为一项政府投资建设的公益事业,而民间组织正是公众民情民意的集中体现,恰恰体现了居民主体性的价值追求,大多属于互惠性组织,具有非营利性、自治性和自愿性。

私人部门或企业。私人部门即营利性组织,通常指企业,顾名思义是以营利为目的,他们参与社区教育必然要实现"互利共赢"。社区教育的发展需要资源,单靠政府财政拨付、公益组织出资是远远不够的,私人部门的捐款将会加大社区教育的资源储蓄,与此同时,企业可以借此弘扬企业文化。

(二)管理者队伍建设

《关于成立淮安市社区教育服务指导中心的批复》(淮编办发〔2017〕155号),正式批准成立"淮安市社会教育服务指导中心"。在市委市政府的关心下,在省社会教育服务指导中心的指导下,在市教育局的领导下,依托淮安开放大学开展全市社会教育服务与指导工作,从此赋予淮安开放大学全新终身教育职能。第一,办学职能。举办高等学历继续教育,颁发相应的学历证书;开展职业资格与技能培训;开展形式多样的社区教育。第二,服务职能。为全民终身学习提供平台服务;为社区教育提供指导服务;为学习者提供个性化服务;为教育行政部门提供决策咨询服务。第三,管理职能。受教育行政部门委托,承担社区教育管理职能,对辖县(区)社区教育进行业务指导和管理;受江苏开放大学委托,对县(区)开放大学进行业务指导和管理;在本行政区域内统筹协调优质教育资源的开发、整合、利用和共享。第四,研究职能。对构建终身教育体系、建设学习型社会过程中的重大问题开展研究;对开放教育的办学模式、管理模式、教学模式进行探索,引导师生开展多层次的社区教育研究。

目前,在江苏开放大学、淮安市教育局领导下,正在推进县(区)开放大学增设所在县(区)的社会教育服务指导中心。2019年9月,经淮安区政府批准,依托淮安区开放大学,"淮安区社会教育服务指导中心"挂牌成立。整个淮安开放大学办学系统即将打通最后一公里,更好地投身到社区教育事业发展中。淮安市各县(区)、乡镇(街道)、村(居)以及政府职能部门,明确社区教育分管领导1人,作为社区教育兼职管理人员。县(市、区)教育局成立社区教育办公室,配备兼职管理人员;各乡镇(街道)社区教育中心设管理人员1—2人,做到社区教育管理分工到人,职责明确。淮安市社区教育专职管理人员429人,兼职管理人员1 200人。

(三)师资队伍建设

社区教育的师资队伍有三部分组成:专职教师、兼职教师和志愿者,其中,专职教师是社区教育师资队伍的核心部分和中坚力量。《教育部关于推进社区教育工作的若干意见》(教职成〔2004〕16号)指出,在各地社区教育实践发展过程中,要注意加强社区教育队伍建设。社区学校师资队伍专业化建设能加快提升社区居民的整体素质,同时随着社区居民生活幸福指数的不断提高,居民自身也有多样性学习需求,这就对社区学校的师资队伍提出了挑战,必须不断提升教育者的水平,进行专业化建设,才能满足民众日益增长的受教育需求。2020年,全市社会教育专职教师879人,兼职教师3 915人。其中,淮安开放大学(淮安市社会教育服务指导中心)设立开放与社会教育学院,有专职教师13人、兼职教师50人;县(区)六所开放大学(社区教育学院)社区教育专职教师60人、兼职教师280人。

(四)志愿者队伍建设

社区教育志愿者作为社区教育的一支重要力量,是发展志愿服务组织、加强社会治理、建设学习型社区的有效手段。近年来,以党的十八大、十九大精神和习近平新时代中国特色社会主义思想精神为行动指南,大力推进社区教育志愿者队伍建设,从而推动和谐社会与学习型社会建设。淮安市建立了志愿者登记建库制度,不断扩大充实志愿者队伍,形成常态化管理,与专兼职教师形成互补,现有社区教育志愿者286 919人。淮安市在发展社区教育志愿者队伍方面采取了以下措施:①积极组织发动;②明确相关规定;③加强学习培训;④加强情况交流;⑤实行持证上岗;⑥实施考核奖励;⑦完善保障机制。

四、社区教育数字化平台及资源建设

（一）数字化学习平台建设

1. "淮安学习在线"建设与管理

淮安开放大学于2018年9月17日正式成为"江苏学习在线"学习联盟共建网站第四批合作单位，"淮安学习在线"于2018年12月6日正式开通投入运营。"淮安学习在线"与"江苏学习在线"以项目联盟方式共建网站，江苏开放大学免费为淮安开放大学提供项目联盟网站基本框架、通用功能模块，并承担网络平台的技术运营与维护；"江苏学习在线"总站推出免费学习资源，全部无偿开放；根据需求提供联盟网站页面的个性化设计；不定期开展技术培训，提供网站运维技术辅导。淮安开放大学成立项目联盟网站建设的领导班子和工作班子，明确落实具体的项目负责人和技术负责人；淮安市教育局为联盟网站提供专项经费，包括独立域名年费、特色课程建设及各类学习活动的组织与评优表彰等。

淮安市各乡镇（街道）社区教育中心，依托"淮安学习在线""江苏学习在线"，推进线上线下相结合的学习活动，居民参与网络学习达40%左右。同时，充分利用国家开放大学、江苏开放大学等教学资源，并融合各乡镇（街道）社区教育资源，上接下链，基本满足了社区成员自主学习和交互式学习的需求，增强了教育服务社会的能力。

2. 平台使用情况

网站每年实名注册新增人数不低于10 000人，每人不少于20学分；按时参加江苏开放大学（江苏省社会教育服务指导中心）组织的项目联盟建设相关活动，及时总结网站建设应用的经验，定期向淮安市教育局和江苏开放大学（江苏省社会教育服务指导中心）提交网站应用情况分析报告；积极开展线上线下相结合的各类区域性评选表彰活动。每年区域性"学习之星"相关评选或奖励人数不低于50人次。截至2020年9月1日，淮安市注册近7.5万人，访问总量105.4万人，日均活跃人数3 000余人。其中，清江浦区府前街道办的卫军同志，在线学习积分71 230.9学分，位列淮安第一，全省第六。

（二）课程资源建设

在信息化环境下，社区成员日益增长的学习需求与社区教育资源不充分不平衡的矛盾不断加剧，如何在信息时代可持续建设社区教育资源成为社区教育中的热点、难点与焦点问题。特别是特色课程资源是社区居民教育学习活动的有机载体，也是社区教育持续发展的重要途径，淮安一直持续在做好这方面的工作。淮安开放大学、社区学院、乡镇（街道）社区教育中心会同有关部门充分挖掘富有地方文化特色的社区教育资源，编写制作《里运河风光》《水上灾难应急救援》《家庭消防知识》《伟人周恩来》《食在淮安》《红色淮安》《青少年文明礼仪教育》《稻田龙虾养殖》《美甲彩绘十指秀》等生活休闲、艺术修养、服务"三农"、老年教育、职业技能类198种社区教育课程，为居民提供了丰富的精神大餐，既解决了居民文化生活单调匮乏的问题，又为居民提供了生产、生活方面的帮助，深受居民欢迎。开展课程资源开发的具体措施：一是专家引领，协作开发；二是明确项目，独立开发；三是调研地域文化，提炼特色课程。

今后，淮安开放大学应按市委"形成以淮安开放大学为龙头的社区教育办学体系"的要求，联合开发淮安特色课程资源，实现区域共建共享。接下来计划在以下四个方面进一步加强数字化课程资源的开发与维护。一是要正确看待并开发遴选数字化课程资源。数字化课程资源的出现为社区教育提供了更为广阔的发展空间，也为社区居民提供更为便捷、高效的学习方式。但是数字化内容与平台学习方式，不能因其有积极的一面而抹杀活动课程、现场教学课程形式与教学方式的必要性，尤其对计算机使用有一定障碍的老年人群体。此外，不是所有的内容都可以通过数字化的方式处理，有些技能项目是无法通过观看视频、查阅资料习得的。二是要定期更新与维护数字化资源库。数字化资源库得到高效利用的前提是内容的维护。只有不断地充实新的内容，才能使数字化资源适应人群对知识获得不断变化的需求。在"江苏学习在线"的共享课程资源外，淮安本土的特色课程资源更应不断地充实、更新，以便更好地吸引学习者，满足居民多样化学习的需要。三是要善于引进或购买系统外的数字化资源库。数字化资源的制作、发布与运用是一项时间成本、人力成本与资金成本均较高的工作，计划与本地一些场馆、部委、院校合作，制作一些简易的、碎片化的、贴近居民生活实际的数字化社区教育课程资源，尤其是一些凸显地域特色的资源。四是要进一步推广使用数字化课程资源。从学习者、资源建设者、支持服务等三个维度加大宣传推广力度。

五、社区教育课题及研究

淮安市加强社区教育课题研究,积极总结、探究社区教育经验和规律,"十三五"期间获得中国成人教育协会、江苏省社会教育服务指导中心等相关单位立项课题 93 个。同时,淮安市重视社区教育工作的经验总结,多次召开会议研究和探讨社区教育中的典型经验和做法,在各类新闻媒体、报刊上发表社区教育新闻报道 4 320 篇,着力推进社区教育向纵深发展。社区教育课题研究的群体主要有四类:一是社区教育中心的专兼职管理者与教师;二是开放大学、社区学院的老师;三是驻淮高校老师;四是社区教育行政管理人员。研究载体主要有六类:一是各级公开发行的传统平面媒体刊物、报纸;二是基于网络的新媒体网站、QQ 交流群等;三是省社指中心、省成协、中成协开展的课题研究;四是社区教育品牌项目创建、社区教育典型案例的撰写;五是社区教育的宣传报道工作;六是各级职业教育与社会教育教研室、课题组。主要采用调查法、观察法、实验法、文献研究法、经验总结法和个案研究法。

社区教育研究热点主要有以下五个方面:第一,社区教育聚焦老年群体。包括老年教育的平台保障、方法创新、课程资源、师资建设、经费保障、专业设置等。2019 年 5 月,洪泽区组织全区八个乡镇进行社区教育课题立项评审。全区申报课题 16 项,其中有 6 项是围绕老年教育的课题。第二,社区教育探究资源整合。整合就是建立一种网状集结的关系,通过多种方式与联动机制,充分发挥可利用资源的效能。社会教育的场所、设施、师资、课程、平台,乃至社会教育主体、客体,均比较分散,需要具有更高的站位、更广的视野、更大的胸怀、更大的魄力,积极引导、建章立法,予以整合。第三,社区教育助力乡村振兴。乡村振兴,人才是根本,素质是关键。乡村建设人才的培养,乡村居民思想道德素质、科学文化素质的提升,都离不开教育。乡村教育是乡村振兴的奠基工程,是根本保证。随着乡村振兴战略的提出,职业教育有了新的使命,而最鲜明的特征就是全方位服务"三农"。倡导职业教育顺应新时代建设的需求,主动对接乡村。此外,职业教育的育人经验大多可以迁移到乡村振兴中去,为农业现代化服务。农村的快速发展、农业的现代化建设,对于社区教育来说是一个机遇。第四,社区教育服务精准扶贫。社区教育中的下岗职工培训、新农民培训、家庭理财培训、残疾人培训、传统手工艺培训等,都与精准扶贫密切相关,在教育扶贫中社区教育不仅大有可为,而且必须大有作为。加快发展贫困人口职业教育,有利于提高贫困对象自我发展能力，是加快精准脱贫的重要途径，也是短时间内实现教育脱贫的治本之策。第五，社区教育促进经济发展。为区域经济社会发展服务，是社区教育的地方性、行业性、开放性办学特点所致。社区教育在培养社区居民掌握专业技能的同时，也要把培养有高度社会责任感和敬业精神、有良好思想品德的高素质公民作为重要目标。同时，地方经济的发展对大量技能型人才的需求又为社区教育的本地就业提供了劳动力市场，维护了地方经济的稳定发展。

从2019年开始，淮安市社区教育研究总体扎口调整到淮安市职教教研室，在淮安市教育局职业教育与社会教育处的领导下，在淮安市社会教育服务指导中心的配合下，市级社区教育课题研究由淮安市职教教研室负责统筹管理、指导、服务与考核评价。洪泽区确立了"以课题为抓手，以研究促进工作，以研究提升水平，以研究保证质量"的总体定位。在构建学习型社会的大背景下，淮安各级政府重视培育学习型社区。同时，还充分认识到终身教育在促进学习型社区形成的内在价值。

六、社区教育存在的问题与对策

（一）发展经验

政府牵头是前提。"十三五"期间，淮安市重视社区教育，做了大量扎实有效的工作。市委市政府明确提出要与经济同步发展社区教育；根据人员变动情况，及时调整社区教育委员会成员。坚持"立足社区，服务社区"原则，围绕优化社区教育发展环境，以不断满足社区各类居民学习提高和修身益智需求为目标，创新举措，健全机制，加强基础能力建设，整合各类教育资源，补短板、创特色、抓培训、学理论，力求"社区教育来自社区，服务社区"。2018年12月，市政府投资近1.5亿元、总建筑面积近3.8万平方米的淮安开放大学新校区建成并投入使用，这是大力发展终身教育、努力拓展社区教育、着力服务地方经济社会发展的重要战略举措，在淮安教育发展史上具有里程碑意义。

体系建设是基础。淮安市着力构建社区教育"4+N"体系，目前已在全市范围内建立和完善以上级政府为统筹、县（市、区）开放大学为龙头、乡镇（街道）社区教育中心为骨干、村（居）民学校为延伸的社区教育四级网络，社区教育服务网络全覆盖，初步建成了"党委领导、政府统筹、教育部门主管、有关部门配合、社会积极支持、社区自主活动、市场有效介入、群众广泛参与"的社区教育协同治理管理体制和运行机制框架,努力实现纵向到底、横向到边的网格体系。

全民参与是关键。居民既是社区教育的客体,又是社区教育的主体,有时是社区教育的组织者、参与者,甚至是教育者、志愿者。社区教育发展是一种教育与组织的行动过程,目的是提升居民的素质和生活幸福指数,运用社区各种资源促进社区经济、文化和社会进步。社区发展需要政府的有效支持,也需要社区全体居民的积极参与。

服务居民是核心。社区教育是面向全体居民开展教育活动的教育形式,目的是提高社区居民的素质和生活品质,促进每个社区成员充分、自由地发展。淮安市努力遵循以人为本,把关心人、尊重人、发展人为目标,使得所有社区教育活动都能培养自我完善、自我生成、自我实现的全面发展的人。教育内容上面向全员,针对需要,比如针对转岗、待业人员的职业技能培训,针对老年人的休闲娱乐、健康保健类培训,针对成人的本专科学历教育,针对青少年的文艺、体育、科技类培训,针对妇女的家政、育婴、理财、家庭教育类培训。

(二) 存在的问题及对策

1. 主要问题

认识有待进一步提高。现阶段政府部门对社区教育的重要性认识不足,导致社区教育发展落后于经济发展。社区教育作为终身学习的一个新途径,其重要性和紧迫性还没有完全被广大群众所认识,社区教育的功能还没有真正得到发挥,部分地区的社区教育仍处于一种自我发展状态。

机制有待进一步完善。首先,虽然成立了社区教育委员会或者职社教育部门联席会议制度,但是社区教育管理和运行的机制还不够完善;其次,各部门间依然是各管一线,条块分割,相互间沟通不畅,信息不明,导致各类教育的管理方式、力度、范围、目标的不统一,缺乏相互联系,不能对各种教育因素加以有效整合,工作效率不明显;再次是缺乏系统的社区教育管理政策支持,社区教育的内涵和外延都处于模糊状态,县(市、区)政府的大教育政策仍然主要倾向于全日制基础教育,因此社区教育在短期和长期、局部和整体等政策制定上还缺乏系统性、计划性,带有模糊性和阶段性。

师资有待进一步充实。社区教育中心缺少统一配备的专职教师。目前,不少社区教育队伍以各乡镇(街道)成人教育中心校校长为主体,全部由乡镇(街道)中心小学教师兼职,导致不可能把精力全部放在社区教育上。上课基本是无偿劳动,很大程度上降低了社区教育教师的积极性。管理者队伍、师资队伍的活力还有待进一步增强,培训教育活动的质量受一定影响,从而使社区教育的发展也有一定窘境。

资源有待进一步扩展。首先,社区教育发展中的社会资源紧张,不能满足社区教育的发展需求。在社区教育发展中,社会资源包括显性的资源和隐性的资源。显性的资源是指社区内存在的物力、人力和财力资源,隐性的资源指社区管理效能、文化建设、归属感以及社区教育参与凝聚力、社区教育中的人际关系网络等。其次,由于社区教育体制的不完善,运行机制的不流畅,造成社区资源特别是社区高等院校、中小学等教育资源成为"孤岛",以致社区教育一时难以形成规模,难以做大做强;再次,由于教育项目单一或社区教育活动脱离学习需要的实际,不能满足居民学习的愿望和需要,造成居民参与的积极性不高,凝聚力低,隐性的资源不能有效开发和利用。

经费有待进一步保障。社区教育经费得不到保障,导致社区教育运转困难。社区教育是公益性或准公益性的事业,是以政府投入为主、多渠道筹备经费的保障机制。由于社区教育在很多地方宣传不到位,造成社区教育在政府拨款方面得不到有力的支持。同时,由于认识不到位,很多社区内的企业、单位、个人对社区教育的参与积极性都不高,造成融资渠道少,经费来源单一,发展资金短缺。因此,经费投入相当匮乏,管理队伍、人员经费得不到落实,教育网络不健全,进而影响了社区教育的顺利运作。

2. 对策建议

加强立法,提升地位。全面加强对社区教育的立法干预,能够从根本上起到确立社区教育地位、吸引社会广泛关注、规范社区教育行为、保障公民受教育权利和义务等作用。建议分两步走,先出台地方法规,比如《江苏省终身学习促进条例》,再逐步上升到国家层面的《终身学习促进法》。日本 1949 年就颁布了《社会教育法》,1990 年通过《关于振兴终身学习措施推进体系的法律》。丹麦于 1968 年和 1978 年分别颁布了《休闲时间教育法》《成人社会教育法》。目前,之所以对社区教育认识还不够到位或不够均衡,是因为我国尚缺乏社区教育的专门立法,社区教育的法律法规体系建设仍然相对滞后,现有的社区教育政策仍然多散见于其他教育政策当中,无论从政策细节还是其可操作性,都亟待进一步加强与完善。

加大宣传,提高认知。认知是行动的指南,只有认知,才会认同,进而才能有行动。要在社会上广泛宣传社区教育在推动终身教育发展、建立学习型社会中的作用,加大宣传力度,扩大宣传范围,使广大群众对社区教育从陌生到了解,从了解到熟识,从而关注社区教育,支持社区教育并参与社区教育。要在充分调动社区内的组织、单位、家庭、个人参与社区教育的积极性和主动性的基础上,组织开展学习型单位、学习型家庭建设活动,使学习成为社区成员的内在要求和自觉行动,并注意抓好社区教育的典型宣传,积极培养、宣传、推广好的典型案例,以点带面,推动社区教育工作的顺利开展。

注重资源建设,凸显服务居民。社区教育在确立其促进居民知识、技能、艺术、情感发展并与社区经济与社会发展互动的目标前提下,进一步确立其课程资源建设的价值取向,依托各级政府设立社区教育的专门机构,配置适量的专职人员并将社区教育必要的经费纳入政府预算。专门机构的主要职责是确立目标、建构体系、制定大纲、出台标准、统筹协调、征集评比、交流展示、推广应用等。

重视队伍建设,确保课程实施。就淮安市社区教育的现状而言,尽管近年来得到一定的重视与发展,但其专职的社区教育教师队伍的数量与质量都还不够,建设一支以专职教师为骨干、以兼职教师和志愿者为主体的既适应社区教育课程开发需要又富有社区教育课程开发经验的专兼职管理队伍和教师队伍,是实施社区教育课程开发、保证社区教育工作持续开展的必然选择。应当在省级政府文件或条例、立法中明确阐述社区教育专职管理人员和专职教师的编制、待遇、职务(职称)评聘等问题;明确教育、人社等行政部门要加强社区教育队伍建设与管理。建立一支专业的社区管理和教师队伍,同时应充分发挥社区内教师、专家、各行各业的工作人员、在校大中专学生的积极性,建立社区教育志愿者服务团队;建立表彰激励机制,使他们成为开展社区教育活动的重要力量。

推进开放办学,拓展社区教育。要切实贯彻淮安市2019年教育工作大会的要求:"要完善全民终身教育体系,加强开放大学社区教育制度建设,切实发挥开放大学社区教育职能"。应充分发挥淮安开放大学及六所县(市、区)开放大学的资源优势,不断推动社区教育的发展,应积极发挥相关学历教育、非学历教育、继续教育、职业技术培训等多种教育功能,为促进社区教育发展做出贡献。学校的资源优势要积极转化为社区教育优势,教育向社会开放,社会向教育开放,促进开放大学与社区教育的沟通、衔接和共同发展。

完善评价体系,加强理论研究。为确保课程开发的质量、课程实施的质量,在社区教育课程开发的过程中必须制定一套相对完善的评价体系。评价体系的重点是课程内容的针对性、课程进程的适应性、课程实施的有效性。在评价过程中，既要尊重专家学者的意见，更要关注学习者亲身感受和接受情况。应多渠道、多形式、多方位地加强培训学习，不断提高社区教育管理人员及专兼职教师的理论素养与研究水平，为做大、做优、做强淮安市社区教育提供理论支撑与精神动力。

供稿单位：淮安开放大学、淮安市社会教育服务指导中心

扬州市"十三五"社区教育发展报告

一、社区教育的政策保障和组织机构

（一）基本管理体制

"十三五"期间，扬州市一直实行四级管理体制，即市级（教育局、开放大学）、县级（教育局、社区学院）、乡镇（街道）社区教育中心和村居民学校。该体制充分发挥了各县（市、区）的积极性，不断强化社区教育中心建设，形成了市、县、乡、村一体化网络，社区教育工作稳步前进。截至2020年，全市82个乡镇（街道）实现了社区教育中心全覆盖，获评2个国家级社区教育实验区、5个省级社区教育示范区和63家省级标准化社区教育中心。全市已经架构起市、县（市、区）、乡镇和村（居）四级社区教育网络，基本形成了以国家级和省级社区教育示范区和实验区为引领，以市开放大学为龙头，以乡镇（街道）社区学校为骨干，辐射所有村（居）民学校的社区教育网络，为建设学习型社会、构建终身教育体系奠定了坚实的实践基础，为扬州市经济社会发展培养了大批建设者和管理者，提升了市民素质和城市品质，取得了良好的社会效益。

2019年4月，扬州市教育局依托扬州开放大学（扬州市职业大学）挂牌成立了扬州市社会教育服务指导中心，协助教育局协调、统筹、指导和服务全市社会教育工作，并对扬州全市社会教育工作管理骨干进行了专题培训，极大改善了全市社会教育工作的局面，进一步提升了工作队伍的思想认识和服务业务水平，同时也进一步梳理、明确了今后一段时期全市社会教育工作的目标和路径。

（二）基本办学模式

扬州市社区教育在多年的社区教育实践中，形成了本市的社区教育基本模式：三元互动制模式，即由政府、开放大学和社区教育中心三个主体，围绕"办好社区教育、惠及社区百姓"的中心目标，分层、分责管理，互相协作，攻坚克难，提高社区教育实效。其中,政府主要在政策制定、宏观协调等方面发挥组织管理作用,保证社区教育的合法性、整体性;市教育局会同政府相关部门代表市级政府做宏观管理,各社区所在的街道办事处或区级政府相关部门,是所在社区的行政管理部门,负责本区社区教育的规划和牵头协调工作;市开放大学配合政府,在项目管理、教育实践和科学研究等方面发挥指导、统筹和服务作用,保障社区教育的规范性和专业性,全面参与社区教育建设工作,以专业、师资和资源建设的优势为社区教育提供智力支持和业务指导,同时还配合教育主管部门,督查、评估和探索社区教育的各项业务工作;各社区教育中心以街道和社区为阵地,负责社区教育的基本供给,在第一线实施具体教育工作,把党和政府的社区教育思想与任务落实在具体的社区教育实践中,保证可操作性和创新性,直接服务居民。

在三元互动制教育模式下,各个主体职责清晰,任务明确,政府和基层社区具有上、下管理关系,但在业务实施体系上,各主体更多体现的是平行关系。特别是市开放大学作为专业的业务指导部门,从业务的角度把政府的行政管理意图转化成指导基层社区教育中心的实施方案,扮演了连接政府与基层教育单位的桥梁角色,使得扬州市社区教育从整体来看,具有显明的柔性特质,便利了社区教育工作的操作落实。

(三)基本特点

社区教育涉及面很广,内容也很多,"十三五"期间,扬州市根据省、市各年度社区教育工作的指示精神,结合扬州各社区自身的特点,开展相关工作,收到了预想的效果。因此,结合自身的特点抓落实,成为扬州市社区教育工作的最大心得和工作特点。

从扬州市市情出发做好社区教育工作。扬州市位于苏中地区,与苏南、苏北相比,区域特点比较明显。一是历史文化悠久,城市文化深厚,辐射面广,这一特点对全市各社区基层百姓影响较大,潜移默化中影响着居民文明素质提升的内在追求,愿意好好学习,接受教育的比重较高;二是经济发展水平与苏南经济发展地区相比差距较大,与苏北经济发展速度相比也无很大优势,这一特点决定了扬州市把教育重点放到了乡村振兴的相关教育工作上。2017年开始开展社区教育富民行动"五个一批"建设工作,社区教育工作质态不断提升,至2020年已完成约100个"五个一批"示范基地建设,各项目建设成效明显。

从基层百姓的需求出发开展社区教育工作。社区教育的对象是社区的普通百姓,"十三五"期间,扬州市各地社区教育工作者始终与本社区的普通百姓保持密切联系,从他们的需要中寻找社区教育的灵感和亮点,收获较大。

从创新要求的高度出发探索社区教育工作。社区教育工作需要创新,不创新,社区教育工作就没有生气。为了做好社区教育的创新工作,扬州市教育主管部门每学期组织行政、学校和教育中心"三主体"商讨本市社区教育创新事宜,鼓励各社区教育中心通过争创品牌教育项目、特色教育项目和科研项目,创新社区教育形式、内容和机制。

从持续发展的要求出发做实社区教育工作。社区教育是实现全民终身教育、建立学习化社会的一种途径。为此,扬州市提出了"把群众喜爱的教育形式常态化、把热点时尚的项目快捷化、把提升学历层次业务的项目高质化、依旧是不断探索教育形式和内容的多元化"的共识要求,各社区在这一基本要求下,将本辖区的社区教育项目形式和内容分类,组织社区居民举办娱乐活动,深入开展"全民终身学习活动周"活动。

从教育的本质规律出发做优社区教育工作。社区教育虽然根植在社区,但其主要活动内容和形式仍然是教育,因此,本质上来说仍是教育的一块阵地,社区教育仍然要遵循教育规律,按照教育的基本规范办学。为了提高扬州市社区教育工作的规范化程度,从教学活动的实施到整个教学过程的管理,我们都从严规范:在管理队伍上按学校教育的要求配置人员,在教学活动上按学校教育的方式进行,在教育效果的考核上按学校教育的标准评判。尤其注重编制适合社区教育的教材、读本,"十三五"期间,全市总共编制356门读本教材。

从提升社区教育质态的高度上紧抓社区教育理论研究。社区教育涉及面广,发展空间巨大,如何把社区教育引向更高质态,需要在实践基础上,做更多的理论探讨。"十三五"期间,全市借力引智,依托扬州开放大学(扬州市职业大学)的师资力量,组成一支研究社区教育的"专家+基层教师"团队。一是根据江苏开放大学研究性项目,积极组织各类社区教育机构申报;二是市教育局职业教育与社会教育处和开放大学自行设立研究项目,指导基层社区教育工作者做相应研究;三是指派专家学者帮助基层社区做专题研究;四是制定政策奖励社区教育研究项目。

二、社区教育的经费投入

经费投入是制约社区教育工作的重要因素,"十三五"期间,扬州市各教育主体,想方设法努力筹措资金,基本保证了社区教育的运行投入。全市社区教育的经费投入分为如下几块(见表1)。

表1 2016—2020年扬州市社区教育经费投入情况

	2016年	2017年	2018年	2019年	2020年
地方财政投入(万元)	934.26	969.23	1 238.29	1 025.84	1 115.68
开放大学投入(万元)	55.35	74.26	145.06	145.31	148.52
其他专项经费投入(万元)	148.25	151.65	198.767	148.5	618.56
社会募集经费(万元)	54.04	46.49	124.95	83.3	61.26
总经费投入(万元)	1 216.9	1 241.63	1 707.07	1 402.95	1 944.02
常住人口(万人)	429.83	429.13	429.06	430.03	455.98
人均经费(元)	2.83	2.89	3.97	3.26	4.26

三、社区教育队伍建设情况

(一)参与主体

扬州市社区教育的参与主体分为办学主体、教育对象主体、教育主体。参与主体是多元的,可分为不同种类。从年龄上分,老中青少各个层次都有;从在职状况分,有在职人员、在学人员,也有退休人员;从职业性质看,工农兵学商各行各业都有;从教育类型上看,有专业性人员,也有非专业性人员。在这些参与主体中,以离退休人员居多。

社区教育的办学主体是政府及各相关部门,包括教育、财政、民政、科技、农业、司法、宣传、妇联、民间团体、非学历培训结构等组织及市开放大学、县级社区学院、社区教育中心、居民学校、企业等,政府积极推动社区教育发展,形成了政府主导下多方参与的治理格局。社区居民是社区教育对象主体,也是教育工作主体。居民参与社区教育是居民主体性的本质体现。居民在社区教育中拥有主体地位、参与权利和主体责任。居民参与社区教育的方式大多为志愿参与,少部分文化名人或有特长的居民被聘为社区教育工作者。社区教育主体具有复杂性:一是人员性质复杂,有教师编制,还有合同制人员;二是人员来源复杂,有的来源于学校,有的来源于党政机关,有的来源于文体部门,有的是军人退伍后分配而来,还有部分应届大学毕业生;三是人员工作内容复杂,有专职的社区教育工作人员,也有很多是兼职的,有些乡镇(街道)的层面上没有一位是专职社区教育工作人员,全部是兼职;四是人员归属复杂,有独立建制的社区教育中心,社区教育工作人员的归属感很强。但是,也有许多社区教育工作者是中小学借调的,还有许多人员是在一定期限、一定范围内需要不断轮岗,特别是临时聘用人员,这些人员的归属感很弱,影响工作的投入度和用心度,导致社区教育工作者队伍不够稳定。

(二) 管理者队伍建设

扬州市社区教育的管理者,市区行政上由教育局主管,各县(市、区)由其教育部门下属的社区教育中心负责。每个乡镇(街道)社区教育中心由政府分管领导担任校长,由区教育局配备专职副校长。村(居)民学校由村主要负责人具体负责社区学校的常务工作。

社区教育管理人员主要是具体负责社区教育组织与管理的专职工作人员。在县(市、区)社区学院、乡镇(街道)社教中心、村(居)民学校中,专职社区教育工作者数量少,绝大部分都是身兼数职,对社区教育持续发展有一定影响,这是社区教育发展急需解决的问题。

(三) 师资队伍建设

扬州市社区教育有一支相对稳定的师资队伍。近几年来,基础师资队伍专职于教学,大约有400人的规模,但因年龄等各种原因逐年有个别减员。为弥补师资不足,各级单位积极发展兼职教师投身社会教育事业,有各类兼职师资近5千人。重视师资队伍建设,坚持适时从基础教育抽调优秀教师担任社区教育专职教师,教育局每年对社区教育专职教师进行培训。同时大力发展兼职队伍,动员吸收社区的老教师、老干部、大学生、专业技术人员、志愿者为社区教育服务。教师队伍自身的能力素养水平至关重要,目前,制约扬州市教师队伍建设的主要问题在于,多个社区教育中心从教人员都是从当地的中小学教师转型而来,他们面临教育理念、教学方式的适应和转型问题。因而,扬州市亟须加强对现有教师队伍的专业培训,以提高教师队伍对成人教育、社区教育特殊性的认识,增加其专业知识积累,提升其专业技能。

扬州市在培养基础教育教师转型方面,除了做好认识和定位方面的宣传教育以外,还着重从两个能力培训方面入手:一是提高教师的合作交流、沟通能力,提高教师与不同家庭、与社会的合作交流与沟通能力,便于创造良好的育人环境;二是提高教师终身学习的意识与能力,使他们具有终身学习的能力和积极的学习热情,争当社区居民终身学习的模范,促进全社区形成人人能学、人人爱学的社区学习氛围。全市每年定期培训两次，培训300人次。

（四）志愿者队伍建设

志愿者队伍是做好社区教育不可缺少的一支有生力量。各乡镇（街道）社区教育中心招募社区教育志愿者，建立信息库，并对志愿者进行业务培训。扬州市社区教育志愿者队伍主要是由热心于社会公益事业的老干部、老教师、老党员和关心社区教育的爱心人士组成，占社区教育队伍的一半以上。志愿者队伍参与社区教育的教育教学和管理，成为社区教育一支主要队伍。

为规范社区教育志愿团队建设，不断健全志愿者管理机制，全市建立了志愿者招募、团队备案、定期例会、服务登记、时长认证、交通补贴等制度，有力推进了社区教育志愿服务常态化、科学化发展。例如，依托社区教育平台广泛联络社区内有专业特长和参与热情的居民，动员他们以志愿服务的形式将自身知识或技能传授给学习者，以他们为中心形成各类学习共同体；积极吸纳在校大学生参与社区教育服务，一方面为学生提供学以致用的实践载体，另一方面将社区居民学习需求与大学生专业特长进行有效匹配，建立双赢的高校与社区合作机制。

四、社区教育数字化平台建设及资源建设

利用网络开展社区教育，满足各类人群个性化学习需要已成必然趋势。"十三五"期间，全市的网络学习平台与资源不断丰富，主要有扬州市民学习在线、地方高校现有的数字化学习平台和分布在各乡镇（街道）的城市电子图书馆，以及部分工会组织或民间组织所建的网络学习资源，基本能够满足一般需求学习。今后，扬州市将"高标准推进社区教育的标准化、现代化建设"。一是定期更新和维护学习在线网站；二是加大对村（居）民（尤其是老年学习群体）网络学习技能及手机运用技能的培训；三是利用好外部数字化资源库，在社区内积极推进信息亭、信息服务自助终端、电子阅读室等方便市民学习生活的设施；四是积极开发本土化的社区教育数字化课程；五是实现网络学习方式到移动学习方式的转变，让学习变得更快捷。

课程建设是社区教育的核心内容，扬州市各县（市、区）现有的课程包括基础课程和专题课程，基础课程主要是符合地方特色、因地制宜的课程。专题课程主要是针对不同专业技术类型的需要而选择的课程。2018年来，扬州市各社区开设的课程共299门，其中基础课程136门，专题课程173门。

资源建设包括师资、课程、场所、经费等，各项资源在社区教育中的地位都很重要，如何开发和整合好这些资源是我们一直探讨的问题。扬州市资源建设主要特点如下：(1) 以人为本，注重发挥工作人员的积极性和创造性，提高工作效率。各社区教育中心组织精干的教育队伍，注重内部管理，充分调动内部员工的积极性，培养一专多能的本领，加强绩效考评。(2) 对外开放，借助行政部门和高校的优势转化资源，拓展资源途径。如，广陵区重视发挥社区教育资源的作用，县(市、区)、乡镇(街道)政府下发了《关于推进社区体育、文化、教育设施资源共享的实施意见》，要求辖区内的公共设施资源向社区居民有序开放，辖区内的操场、微机房、舞蹈房、单位礼堂、广场等，以挂钩、联建、结对、共创形式实现资源共享，发挥最大效益，满足居民学习、活动、锻炼和休闲的需求。(3) 依靠群众，挖掘当地现有资源。当地群众中有许多能人、有才的人，利用好这些人的一技之长，能弥补社区教育人手少、事务多、忙不过来的不足。因此，各社区都有完整的聘用社会兼职教师和志愿者的规章制度。扬州市宝应县小官庄镇社区教育中心利用当地文化名人周文璋先生的书法、教育资源，打造出了弘陶文化艺术馆，成为很好的社区教育课堂。(4) 优化创新，协作整合好所有资源。在社区教育资源紧缺的情况下，坐等其成，往往很难满足办学需要，需要开动脑筋，开拓资源，优化整合资源。比如，扬州市江都区仙女镇社区教育中心，主动与市民政局、老干部局、农业局等行政部门沟通，联合组织相关内容的教育培训，实现了资源共享。

五、社区教育课题及研究情况

"十三五"期间，扬州市社会教育工作主管部门尤其注重社区教育的科学研究，以开放大学牵头，鼓励动员并指导各单位积极参与各级社区教育研究课题的申报。全市现有立项课题33项。在江苏省社会教育服务指导中心获得的立项研究课题数量稳步增加，并且连续获得重点课题立项，质量也在不断提升。

1. 研究群体与载体

"十三五"期间，扬州市组织开展社区教育研究人员进行科研课题申报活动，课题主持人以社会阅历丰富、知识层次比较稳定、思想相对成熟的45—50岁年龄段的人员为主，30岁以下与55岁以上年龄段的人员较少。可见，社区教育研究者队伍以壮年为主，精力充沛，在发现问题和对问题的分析与解决上具有丰富经验。参与社区教育研究的人员基本都具有本科及本科以上学历，这表明这部分人员接受过系统的训练，具有完整的知识体系和相关领域的专业知识，有与社区教育研究有关的实践。主持课题研究的主体，以从事行政工作的人员为主，在统筹安排课题研究方面具有优势，但当前进行社区教育研究的人员中还缺少社区教育一线工作的人员，对社区教育实际工作中问题的了解程度还有待深入。从事社区教育课题开发和研究的群体主要有三类，第一类群体为高等学校（含开放大学）、社区教育行政管理部门及其工作人员，侧重于社区教育行政管理、改革方向、发展规划、阵地建设和工作人员配备等方面的研究；第二类群体为社区教育专兼职工作人员（含教师），主要研究方向为教育资源开发、教育课程设置、教育教学方法和教育成效评价；第三类群体为社会性群体，包括文化、体育、艺术等部门及社会组织，其研究内容更多地指向社区教育与文化、体育、艺术等互动模式和效应及社区教育与社会治理的关系等。

社区教育研究的主要载体包括期刊、论文集、专著、课题、实验项目等类别。与社区教育研究内容的综合性和对象的多层次性相呼应，社区教育的载体也呈现复杂性和多样性。以社区教育课程研究为例，主要的载体有四类，第一类是某项具体的社区教育实践活动；第二类是社区教育的资源（主要为课程）构成；第三类是承载社区教育活动的平台（网络或实体）；第四类是社区教育理念、思想及法律、政策等。

2. 研究方法

行动研究法。行动研究是教育工作者在实践中通过行动与研究的结合，创造性地应用教育理论去研究与解决不断变化的教育实践中的具体问题，从而提高教育教学质量以及自身专业化水平的一种研究活动。社区教育不同于普通教育序列，也有别于职业教育，与这两类教育相比，社区教育更需深入群众，从群众的活动开展、学习需求出发去研究社区教育课题。

文献研究法。文献研究法主要指搜集、鉴别、整理文献，并通过对文献的研究形成对事实科学认识的方法。文献法是一种古老而又富有生命力的科学研究方法。社区教育的乡土课程开发和乡土文化保护靠的是社区教育工作者埋头于浩渺的乡土文献中，需要一点一点地去挖掘社区教育有关的文献资料。

调查研究法。调查研究是扬州市社会教育科学研究中常用的方法，在描述性、解释性和探索性的研究中都可以运用调查研究的方法。它一般以个体（或局部）为分析单位，通过问卷、访谈等方法抽样了解调查对象，对调查结果进行分析以开展研究。社区教育要走近群众，更要深入群众。因此，如何让社区教育课题更加符合群众终身学习的需求，如何让课题在终身学习的开放领域里更具前瞻性，则需要深入调查研究。

3. 研究热点及创新

创新教育理念，重点规划服务全面。全面推进科学的社区教育发展观，按照科学的社区教育理念、扬州市社会和经济发展的总体要求与重点规划及社区教育发展前景，更好地服务居民群众、服务社区生活共同体、服务市域经济社会发展大局。

创新运行载体，分层推进品质提升。一是根据江苏省教育厅要求，通过开放大学、社区学院，开设面向全体的各类教育培训，在体制建设、教育管理、各类创建、项目打造、课程开发、网站建设等方面加强指导；二是做大做强数字化学习平台，不断丰富课程内容，拓展居民学习途径。

创新培训模式，立体搭建教育体系。一是提升社区教育品牌项目，从教学内容、授课方式、受益人群三方面着手，呈现生动活泼的学习局面；二是开门办学，以多元合作为生长点，全面提升社区教育的综合实力，提倡社区教育"生活化"课程理念，力求为广大居民提供多样化学习选择；三是完善认证制度，确保社区教育工作持久发展；四是创新评价制度，整合凝聚竞争优势。

以开放大学为平台，创新社区教育新局面。一是扬州开放大学连续四年为全市社区教育工作者举办培训，以强化系统队伍建设，提升工作队伍的思想、能力与作风；二是扬州开放大学布局社区教育"一核多点"示范，以开放大学为核心，与城区有条件的社区开展合作共建，特别是在扬州市邗江区西区新城新盛街道大刘社区举办老年教育，办老年人家门口的大学，填补了扬州西区高质量老年教育的空白；三是扬州开放大学与扬州老年大学合作办学，以"政校合作、管办分离、购买服务、合同管理"为指导思想，以互惠、互信、互利为原则，通过资源整合、优势互补、平台共享，推进扬州市老年教育的合作、共享、融通；四是扬州开放大学紧紧围绕乡村振兴战略，开展服务乡镇（街道）社区教育的实践和研究，指导乡镇（街道）社区开发符合居民需求的社区教育课程、参与各级社会教育项目和品牌创建，帮助乡镇（街道）开展产业经济发展所需的休闲农业与乡村旅游、转型发展与美丽乡村建设、农村环境保护与农产品质量安全、农产品电子商务等相关课程建设，推动乡镇（街道）社区教育数字化平台建设和应用，为扬州社会教育服务"三农"提出了对策，做出了示范；五是市委市政府依托扬州开放大学，成立扬州市行业培训中心，大力推进行业培训的管理集中化、办学规范化、载体多元化，为扬州小微企业两创示范工作助力，实现三年10万人次、产值1亿元的培训目标，为扬州的社会教育服务小微企业发展、服务双创打造了新平台；六是扬州市教育局依托开放大学成立扬州市社会教育服务指导中心，协助教育主管单位统筹全市的社区教育工作,并提供资源、队伍和平台支撑,为全市社会教育工作提供了人才队伍、学习资源等有力支持;七是送教到军营,教育拥军。扬州开放大学积极参与扬州市、扬州舰舰地共建工作,形成全民参与双拥共建的良好局面。2016年3月,与海军扬州舰签订"校舰合作"办学协议,免费为扬州舰88名官兵学历提升提供服务,2019年87名官兵专科顺利毕业,2020年9月继续开展本科学历提升服务,具体实施方案是和江苏开放大学联合开展本科学历提升项目。

六、社区教育存在的问题与对策

(一) 发展经验

确立社区教育中心地位的责任意识。社区教育有益于营造和谐氛围,具有很好的政治意义;有益于科学文化普及,具有很好的文化意义;有益于民生的幸福感提升,具有很好的生活意义。既然社区教育具有这样的意义,那么在社区工作中赋予其中心地位并不为过。通过确立社区教育中心地位,能传达政府对社区教育工作的重视态度,从而让社区教育工作有了坚强的支撑。近年来,扬州市各级政府十分重视社区教育工作,从教育规划、组织结构搭建、经费的筹措、各项资源的支持等方面,全力支持社区教育。确立社区教育中心地位能强化各级教育工作者的责任意识。责任意识是做好每件事的重要条件。但责任意识有程度的差别,责任意识程度越高,工作的重视度就高,工作的落实就相对可靠,正是从这个道理出发,扬州市确立了社区教育中心地位,让各级教育员工增强责任意识,体会教育自豪感,激发出做好社区教育工作的热情。

建立灵活高效的管理运行机制。社区教育工作,引导在上层,落实在基层,涉及面很广,教育内容很多、变化也快,教育对象很杂、很散,社区教育工作的流动性、灵活性特别明显,因而要求从事社区教育管理工作的运行机制也应相对灵活,不能过于呆板,这样才能形成符合实际要求的效率。基于这个理念,扬州市借鉴兄弟城市社区教育管理机制,融合了高职教育"双元制"教育模式,形成了扬州市"四级三元互动"的灵活管理机制。在这个机制中,政府和基层社区教育中心的管理关系相对稳定,以便坚决贯彻上级行政部门对社区教育工作的领导要求。在这个机制中,比较灵活的一个环节是开放大学的职责,开放大学示范、引导社区教育的具体业务工作,实际上承担了社区教育工作最核心的运行保障,同时又成为连接行政和社区教育中心的媒介,能灵活地协调社区教育工作中出现的各类业务问题,是社区教育工作做实做好的重要基石。

营造"求真务实"的教育工作作风。社区教育惠及千家万户,是服务性很强的工作。但不能为了服务而服务,做表面文章、搞形式主义,办华而不实的教育。社区教育必须求真务实,求真务实最直接的做法,就是办社区百姓需要的教育。社区教育内容要从当地实际情况出发,从有益于大多数居民的生活需要出发,社区教育要发动当地群众,依靠当地群众,走"群众路线"。只有提供符合群众需求的教育才是最好的"教育服务"。"十三五"期间,扬州市各社区开展了许多群众喜闻乐见的教育项目,成立了群众性社团,深得群众的支持和称赞。特别是实施了推进成人教育服务新农村建设的"五项行动"(即百名农民上大学、千名农民出国门、万名农民进工厂、十万农民学技术、百万农民受教育),全市开办了高等教育学历班51个,有近4 000名农民在家门口接受高等教育;每年开展涉外劳务培训3 000多人次,各类农民劳动力转移培训6万人次,各类现代农业生产知识和实用技术培训23万人次,取得了良好的社会效益。

实行项目引领、分层推进的发展策略。社区教育任务重、内容多,做社区工作要讲究唯物辩证法,抓重点抓落实,主次兼顾,不能眉毛胡子一把抓。运用项目引领带动全面工作的做法是扬州市近年来做好社区教育工作的主要方式。扬州市所申报立项的项目上,既有国家、省开展的各类优质项目建设活动,也有扬州市根据每年工作计划,从实情出发提炼的重点活动;既有教育教学项目,也有科研项目。借助各类项目重点做社区教育工作,能把资源相对集中起来,把事情做实、做深入,并在深化过程中积累各种经验,形成具有自己特色的可行做法。"十三五"期间,扬州市各社区教育中心积极参与"示范基地""品牌教育""精品课程"等项目建设,取得了较好的实绩。

紧跟教育现代化步伐,让社区教育与时俱进。教育现代化步伐,随着信息化技术的革命性发展,变得越来越快。教育现代化在教育手段上颠覆了传统教育的基本方式,营造了广阔的施教空间,改变以教育资源的组成结构,给整个教育理念带来了明显的冲击。若不能了解和熟悉教育现代化发展进程,社区教育同样会落后于时代。教育现代化中,教育信息化手段,如网络平台、微信等形式不断涌现,给教育提供了较多便利,利用网络技术教学将是社区教育前进过程中必须解决好的关键问题。近年来,扬州市社区教育逐渐强化教育信息化意识,积极创造条件利用网络资源为社区教育服务。目前,全市终身学习网络覆盖率已达95%以上,多数县(市、区)为100%。

（二）存在的问题及对策

1. 存在问题

在教育均衡化的布局背景下，社区教育的受重视程度仍然不够。目前，市级开放大学积极参与社区教育工作，主动和教育行政部门对接，以扬州市社会教育服务指导中心为依托，主动开展社会教育工作，取得了较好成绩。但县（市、区）级开放大学（县级社区培训学院）对社区教育重视程度普遍不足，较少开展社会教育工作，在和教育主管部门工作对接上也不够主动。此外，相对于中小学教育而言，部分人对终身教育和构建学习型社会的重要性认识不足，部分乡镇（街道）未能按照上级有关部门的要求将社区教育的经费列入财政预算，因而在经费使用、办学场所、设备投资以及教材开发上都存在严重缺失，影响了社区教育的教学效率和质量，制约了社区教育的健康发展。

相对于学校教育来说，从事社区教育的整支队伍专业程度不高。因为我国高校缺乏与社区教育直接相关的专业，使得社区教育人才的培养缺乏正规化的渠道。目前，扬州市特别是乡镇（街道）从事社区教育的人员大都是小学或中学教师，即"普教转岗"。他们中的大多数人在此之前主要从事语、数、外、政治等常规科目的教学，对于社区教学的目标和任务缺乏了解，尚未完全具备从事社区教育教学的素养和能力。大多数社区教育人员年龄偏大，对社区教育工作认识不足，创新动力不足，所以社区教育队伍无论是数量、能力还是知识结构方面都远远不够，限制了社区教育事业的长足发展。

基层民众的终身教育意识薄弱、观念不易改变。广大民众对社区教育的认识不足，参与社区教育的积极性不均衡，这在一定程度上导致民众参与社区培训活动的频率较低，不利于社区教育目的的达成。大多数参与社区教育活动培训的人员为退休人员及闲散人员，而作为社区教育的主体——广大中青年则很少会参加社区教育培训活动。造成这种现象的主要原因在于居民观念存在问题，认为教育是学生阶段所应该做的事情，到了社会上学不学问题不大，因此，在政府号召大家参与社区教育活动时，被动参与，而且有不少地方组织培训人员时，还要给补贴或礼品才肯来，这种参与模式能够达到一定的效果，但很难持续。

社区教育的硬件配套设施还相对落后、社区教育经费紧张仍然是个较大问题。随着社区教育教学点在逐年增加，各县（市、区）教学点开展社区教育活动的积极性逐年攀升，居民对社区教育的需求量也不断提高，有些社区培训场所还不足，硬件设施老化，需要更换，需要投入。特别是在现代化信息教育技术的设施配备上还有较大差距。维修费和人工费上涨，专项经费已难以支持全区社区教育的发展。经费支持不足，社区教育难以深入发展。因而，筹措办学经费仍是社区教育工作的一项长期任务。

社区综合资源整合的途径需要探索，力度需要提升。开展社区教育需要丰富的教育资源作为支撑，但社区教育不是社区与教育的简单叠加，也不是社区内各类教育的简单叠加，而是教育与社会的有机融合，是社区内各种教育要素的集合、协调和互动，也是全市各系统教育资源的整合与运用。各县（市、区）每年不同行政部门都会举办相关社会教育活动。

社区教育的内容和形式需要进一步丰富。现代社区教育具有"三全"统一性，即全员、全程、全方位。从蹒跚学步的婴幼童到在校的中小学生、大学生，上班族、中青年、耄耋老人都是社区教育的服务对象；居民的衣食住行都可成为社区教育的内容。社区教育的特殊性决定了社区教育的形式必须是多样的，内容必须是丰富的，居民对社区教育的需求、形式要求也是多样化的，比如，课堂学习、数字化学习、团队学习、体验式学习，居民各有所爱；而在内容上，不同年龄段、不同教育背景和职业状态的居民也有不同的需求。

科研队伍不稳，研究能力受限。大多社区教学工作没问题，但科研力量薄弱。这既有社区教育队伍整体研究能力不强的原因，也有社区内引外联工作做得不够的原因。今后要内提职工教研素质，外引专家学者智力，提升科研层次。

2. 未来构想、对策和建议

在"十四五"期间，扬州市的社区教育工作将以"富民工程"为主旨，依托开放大学和社会教育服务指导中心，着力围绕传授社区居民（农民）发展经济、创造财富的需求开展工作。

不忘初心，牢记社区教育使命，做好社区教育顶层设计。每年制定各年切实可行的富民教育行动方案，按项目、按期分解工作任务，宣传发动，贯彻落实。积极引导全市社区教育工作者尽心尽责地做好社区工作，谋划扬州"文化社区教育"的提升布局，争取在"文化扬州，文化社区"主题上多出成果。

加强社区教育的内涵发展，构建合理的教育队伍，提升社区教师专业化水平。建立完善的社区专职教师考核评价体系，加强教师培训，提高教师各项待遇，保证从事社区教育的教师在职级和职称评审上享受普通教育教师的同等待遇，使在职社会教育教师工作有奔头。同时鼓励教育系统的优秀教师、干部到社区锻炼，形成常态工作机制。使社区教育专职教师由一门"职业"走向一种"专业"，提升专职教师职业素养，为社区成员提供专业化的教育服务工作。另外，开展社区教育需要大批有素质、有技能的志愿者,要把动员和组织志愿者当成一项重要的工作来做,以确保社区教育的全面性,满足社区成员各方面需求。

组织多元化的活动,提高群众参与的积极性。提高社区教育的有效性首先要激发群众参与的兴趣与积极性,要求社区教育在组织活动时突出针对性与实用性,形式与内容要丰富多彩,体现"看得到、摸得着"的特性,针对不同的群体多层次开展社区教育,使社区真正成为居民充电与接受终身教育的场所。例如,针对老年人,可以多组织健康知识方面的讲座,开展休闲娱乐活动;针对农村剩余劳动力与下岗失业人员,重点进行劳动再就业培训、技能培训、各类证书培训等。要根据实际情况对不同人群开展不一样的社区教育,提高全民参与的有效性,体现社区教育的全面性。想要提升教育的针对性,社区教育工作者就必须重视资源的开发活动,征求广大民众的建议,挖掘资源,以满足学员需求为主要目标。

社区教育主体要尽力拓宽社区教育资金来源的渠道。把社区教育经费单列为财政预算,合理使用社区教育经费,使之服务于居民的终身学习。逐年提高社区教育经费的投入,并且将社区教育各类管理费与社区教育专项经费分离,将大部分专项经费用于居民终身学习之上。社区教育面广量大,推进学习型城区建设需要大量财力支撑,只靠政府投入无法满足需求。为此,必须解放思想,更新观念。在确保政府投入的情况下,努力拓宽社区教育经费来源的渠道。

加强社区教育资源的整合和开放。鼓励、支持在扬州的高等院校开设适应居民学习需求的课程,加强面向社会的职业技能培训;进一步推动社区与学校的合作,向社会开放教育资源;加强统筹,做好相关部门间沟通、协调工作,整合文化、体育、卫生、科协等系统的教育资源为社区教育所用;形成成熟的社区教育政府购买服务体系,尝试以购买的方式向社会培训机构购买社区教育培训服务。

提升社区教育服务社会的能力。坚持以满足社区居民可持续发展和幸福生活目标的实现需求为宗旨,广泛开展公民素养、人文艺术、科学技术、养生保健、生活休闲、生态环境、职业技能等领域的教育活动,大力培育和践行社会主义核心价值观,传承和弘扬中华优秀传统文化。通过"全民终身学习活动周""社区教育主题活动月""全民读书节""市民大讲堂""公益大讲堂"等载体开展形式多样的社区教育活动,积极提高居民的素质和生活质量。

供稿单位:扬州开放大学、扬州市教育局

镇江市"十三五"社区教育发展报告

一、社区教育政策保障和组织机构

（一）基本管理体制

镇江市充分重视社区教育事业的发展。在2011年，镇江市委市政府出台的《关于实施〈江苏省中长期教育改革和发展纲要（2010—2020年）〉的意见》中，就把社区教育纳入镇江市的教育事业发展规划。2014年11月，镇江市人民政府办公室印发的《关于推进开放大学建设加快社区教育发展的意见》（镇政办发〔2014〕173号）中提出，"各地要把社区教育工作纳入区域经济建设和社会发展规划，纳入教育事业发展规划，纳入社区（新农村）建设和发展规划。社区教育工作情况列入辖市（区）和镇（街道）领导年度工作目标考核。"2016年4月，镇江市政府印发的《镇江市国民经济和社会发展第十三个五年规划纲要》中，继续把社区教育纳入镇江市经济和社会发展规划。

镇江市积极探索科学的社区教育管理体制。初步形成了党委领导、政府统筹、教育部门牵头、有关部门配合、社会积极支持、社区自主活动、群众广泛参与的社区教育管理模式和运行机制，形成了以社区教育工作委员会（领导小组）为载体的"两级政府、三级管理"的管理体制，和以市开放大学为龙头，辖市（区）社区学院（开放大学）为骨干、乡镇（街道）社区教育中心和村（居）民学校为主阵地的四级社区教育网络。形成了"有阵地、有机构、有队伍、有经费"的"四有"社区教育基本工作框架。"两级政府"，即市及辖市区两级政府分级统筹管理。"十三五"期间，市级层面对社区教育工作的统筹管理，主要是由镇江市教育行政部门在主管，镇江市教育局职社处每年年初向各辖市区下达本年度社会教育工作指标性达成任务书，年终由镇江市教育局督导处牵头进行考核。2019年10月29日，镇江市教育局批准在镇江开放大学成立"镇江市社会教育服务指导中心"，设立了全市统一的社区教育指导服务机构。"三级管理"即辖市（区）、街道（乡镇）、社区（村）三级具体实施管理：辖市（区）政府设立由市(区)委、市(区)政府主要负责同志挂帅的社区教育工作委员会(领导小组),下设办公室(一般设在教育局,镇江新区设在社会发展局),具体负责本市(区)社区教育的指导、组织、协调工作。各街道(乡镇)也成立本级社区教育工作委员会(领导小组),由街道(乡镇)党政主要领导担任主任(组长)。各社区(村)由社区居(村)委会主要领导负责本社区(村)的社区教育工作。

(二) 基本办学模式

镇江市政府积极加强社区教育办学体系建设,以社区学院为主,充分吸纳成人学校、职业学校、普通学校参与,加快推进开放大学建设,积极建成乡镇(街道)标准化社区教育中心和村(社区)居民学校,基本形成了以市开放大学为龙头、辖市(区)社区学院(开放大学)为骨干、乡镇(街道)社区教育中心和村(社区)居民学校为主阵地的四级社区教育网络,形成了以社区学院(开放大学)为主体、整合多方资源的办学模式。

1. 镇江市四级社区教育网络总体情况

镇江市于2014年11月挂牌成立了镇江开放大学,并加快建设,使其成为社区教育的龙头。镇江一共有7个辖市区,其中4个辖市(区)成立了县级开放大学(丹阳开放大学、丹徒开放大学、扬中开放大学、句容开放大学),6个辖市(区)建成了标准化社区学院(润州区社区培训学院、京口区社区教育培训学院、镇江新区社区学院、句容市社区培训学院、扬中市社区培训学院),除了句容开放大学和社区学院是各自分开以外,其他市(区)开放大学和社区学院是合为一体的,成为社区教育的主体和骨干。目前,每个乡镇(街道)均建成了标准化社区教育中心,一共60个。几乎每个社区(村)都成立了居民学校,一共744所。社区教育中心和居民学校成为社区教育的主阵地(见图1)。

```
镇江开放大学(龙头)
        ↓
辖市(区)社区学院(开放大学)(8所)
        (主体、骨干)
        ↓
镇(街道)社区教育中心(60个)
        (主阵地)
        ↓
社区(村)居民学校(744所)
        (主阵地)
```

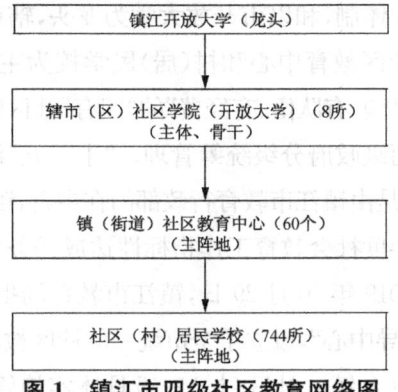

图1 镇江市四级社区教育网络图

2. 以辖市区社区学院(开放大学)为主体、整合多方资源的办学模式特征

各辖市区社区学院(开放大学)是镇江市开展社区教育的主体和骨干。镇江市除了新区外,其他6个区(市)的开放大学(社区学院)都具有独立法人资格,如润州区社区培训学院是润州区教育局下设的独立法人单位,学院编制在教师编制中统筹,有独立的财务账户,社区学院的办公经费纳入到区教育经费预算中,社区培训学院既是社区教育的主体又是社区教育的实体。各辖市区社区学院(开放大学)充分利用各种教育资源,因地制宜开展各类社会教育和培训,负责制定本市(区)社区教育中长期规划和年度社区教育工作计划,开发、引进社区教育资源,组织社区教育工作者培训,开展理论研究,指导各乡镇(街道)社区教育中心开展社区教育工作等,是镇江市开展社区教育的主体和骨干。

各乡镇(街道)社区教育中心和村(居)民学校是开展社区教育的主阵地。通过标准化建设,积极组织社区居民参加各种培训,以公民道德建设、文明礼仪教育、法律法规学习、文化娱乐、休闲健身、医疗保健、安全教育等为内容,开展各种社区教育活动,努力提高社区居民的科学文化素质、思想道德素质、心理身体素质。镇江市目前创建全国社区教育示范区1个,全国社区教育实验区3个,江苏省社区教育示范区7个,建成江苏省标准化社区教育中心60个,实现了社区教育省级示范区、省级标准化社区教育中心100%全覆盖,建成标准化居民学校708所,覆盖率达到95.16%。

镇江开放大学切实履行领军责任,逐渐成为镇江市社区教育的龙头。镇江开放大学在依托式办学的基础上,充分利用自身"牌子"的社会效应、独立法人资格和相对自主运行的体制优势,利用所依托学校的资源帮助组织实施社区教育工作,发挥镇江开放大学的龙头作用。镇江开放大学积极加强与各辖市区开放大学、社区学院的沟通和交流,积极开展内容丰富、形式多样的城乡社区教育活动。曾承办镇江市首届社区教育艺术节,组织开展了镇江市社会教育优秀论文征集评选、镇江市社区书法大赛、镇江市社区摄影大赛、镇江市社区歌咏大赛、镇江市社会教育(教学)成果奖评审、镇江市社区书画大赛、镇江社区教育优秀数字化课程资源评选、镇江市社区朗诵大赛等活动。

(三) 基本特点

政府主导、自上而下。社区教育属于公共产品,带有公共属性,所以政府在开展社区教育过程中负有主体责任,起主导作用。另外,社区教育属于终身教育范畴,具有"全员""全程""全面"的特点。"三全"的特点决定了社区教育需要政

府的强势统筹和领导。镇江市政府切实负起责任，积极出台相关政策，整合教育资源，加强对镇江社区教育发展的统筹领导，通过教育行政力量自上而下回应民众对教育的需求。各辖市（区）的社区教育工作委员会（领导小组）都是由市（区）委、市（区）政府主要领导挂帅。正是在政府的主导之下，通过自上而下的教育规划和实施，镇江市的社区教育事业得到了长足的发展。

多元参与、多方配合。镇江各辖市（区）的社区教育工作委员会（领导小组）包括了教育、民政、财政、组织、人社、宣传、妇联、文联、团委、科技、体育、计生等多个部门，在开展社区教育的过程中，这些部门积极参与，配合教育部门开展各种活动，积极向社区教育开放教育资源。另外，一些企业、社团组织等也参与到社区教育活动中，多方相互配合，共同努力，促进镇江社区教育事业的发展。

四级网络、层层推进。镇江的社区教育工作从市开放大学到各辖市区开放大学（社区学院），再到各乡镇（街道）社区教育中心，最后到各村（居）民学校，形成了完整的四级教育网络。四级网络各司其职，又密切配合，开展社区教育工作时层层推进，充分落实，织就了一张完整的社区教育之网，保证了镇江社区教育事业充分发展。

"四有"框架、充分保证。镇江市目前基本形成了"有阵地、有机构、有队伍、有经费"的"四有"社区教育基本工作框架，充分保证了镇江社区教育的顺利快速发展。四级社区教育主体都有自己独立的办学阵地，有专门的机构设置，有专门的管理和教师队伍，有相应的经费保障，工作责任清单明确，社区教育活力及工作积极性、主动性显著增强。

二、社区教育经费投入

镇江市政府要求各辖市区把社区教育发展经费纳入本级财政教育经费预算，按照政府为主、社会投入、个人分担的经费保障机制，确保社区教育经费的逐步增长。要求各辖市区财政部门以常住人口为基数，城镇和农村人均继续教育经费分别不低于可支配收入和纯收入的 0.3‰ 列入年度财政预算，其中用于社区教育的经费应达到年人均不少于 4 元，由各级教育部门统筹用于社区教育。

镇江市 2016—2020 年每年的社区教育经费财政投入均高于人均 4 元的标准。2018、2019 两年在财政投入总金额上有所下降，2020 年又有回升。2018—2020 年，7 个辖市区中，有 6 个辖市（区）每年社区教育经费财政投入都达到或超过了人均 4 元的标准。社区教育经费筹措渠道比较单一，主要以县（市、区）财政投入为主,多数市(区)的镇(街道)财政社区教育专项经费投入较少。"十三五"期间,各辖市区的社区教育经费社会捐赠金额,除了润州区(润州区2017年社会捐赠30.5万,2018年社会捐赠35.5万,2019年社区捐赠33.6万,2020年社会捐赠13.35万)、新区(新区2016年社会捐赠15万)曾有比较可观的捐赠金额外,其他区(市)都很少,甚至没有捐赠(扬中市2016—2020年社会捐赠均为0)。社区教育的其他投入,除了句容市、京口区每年有较大金额的其他投入外,其他区(市)都很少,甚至为0(润州区2016—2020年其他投入均为0)。

为进一步规范社区教育经费管理,促进社区教育健康、自主发展,建立事权与财权相统一的经费管理体制,镇江各辖市区积极出台本区(市)社区教育经费管理办法,加大对社区教育经费的审核、审计监管力度,确保社区教育经费合理、规范、有效使用,确保专款专用。

三、社区教育队伍建设

(一) 参与主体

从参与主体的组织类型看,镇江市社区教育的参与主体主要是政府各相关部门,包括教育、财政、民政、人社、组织、人事、司法、宣传、科技、体育等多个部门;工会、妇联、共青团、成协等社会组织;开放大学、社区学院、职业院校、技工学校、老年大学、中小学等各类学校;各社区教育中心和居民学校;一些民间团体、非学历教育机构、企业等。当然,参与开展社区教育的核心力量是教育部门、开放大学、社区学院,以及各社区教育中心和居民学校。从参与主体的从业类型看,镇江市社区教育的参与主体主要是政府有关部门的公务员、教师、各行各业有一技之长的热心社区教育事业的技术骨干和民间艺人、大学生、中小学生、企业职工、退休人员、热心社区教育事业的社区居民等,兼职人员和志愿者是社区教育的主体力量。

(二) 管理者队伍建设

镇江各辖市(区)的社区教育管理者队伍注重专职化、专业化,注意专兼结合,基本形成了一支人员配备全、思想作风正、业务水平高、组织能力强的管理队伍。各辖市(区)教育局职社科、各辖市(区)开放大学(社区学院),都有专人负责社区教育工作;每个乡镇(街道、管委会)都有一名专职管理人员,负责统筹、协调、落实各项社区教育工作;润州区等区(市)还聘请辖区内大学生村干部担任居民学校常务副校长,负责居民学校的管理工作,做到了每个市(区)、每个镇(街道、管委会)都有专人专职负责社区教育组织和管理工作。

组织参加学习和培训,提高队伍素质。各辖市(区)教育局或社区学院(开放大学)不定期组织本辖市(区)所有社区教育专职管理人员学习党的十九大、十九届二中、三中、四中、五中全会精神等,了解国家大政方针;学习相关法律法规;学习国家、省、市出台的关于发展社区教育的文件,明确社区教育工作的职责、定位。积极组织社区教育专职管理人员参加省社区教育管理干部培训、课题研究培训等,力求所有专职管理人员都参加过一次省级培训,不断提高专职管理人员的业务素质。鼓励社区教育专职管理人员和专职教师开展相关探索和研究,积极组织其申报省、市社会教育课题,鼓励撰写和发表论文,提高社区教育管理队伍的理论总结和科研水平。

专兼结合,充分发挥兼职管理人员的作用。社区教育的"三全"特点决定了社区教育是一个艰巨的庞大系统工程,需要各方配合、全社会参与。尽管各辖市(区)基本配齐了社区教育专职管理人员,但真正要把社区教育的各项工作落到实处,单靠这些专职管理人员来组织和落实,是远远不够的。因此,镇江各辖市(区)把街道(镇)有关工作人员、居委会(村委会)主任等作为兼职人员纳入社区教育管理队伍,并充分发挥其在社区教育中的作用。

(三) 师资队伍建设

镇江各辖市(区)教育局积极按照不少于社区居民1.5‰的比例配备专职教师,充分整合教育资源,积极吸收社会各界的专业人士、各行业企业的能工巧匠作为社区教育兼职教师,建立了一支专兼结合的、多元化的社区教育教师队伍。全市目前共有社区教育专职教师617人,兼职教师3 741人,专职教师人数达到要求。

(四) 志愿者队伍建设

镇江要求各辖市(区)社区教育中心志愿者人数不低于社区常住人口的2%,居民学校志愿者人数不低于社区常住人口的1.5%。各辖市(区)通过向各行各业、各群体征集、自我推荐等方式,建立了一支素质较高、相对稳定的社区教育志愿者队伍。至2020年12月,各辖市(区)共有社区教育志愿者102 620人,占镇江常住人口的3.54%(本文中,镇江市2020年常住人口数为各辖市区2020

年财政拨款所依据的常住人口数汇总得出的数据,为289.85万人)。

志愿者队伍庞大,力量雄厚,充分满足了镇江市社区教育的需求。志愿者是开展社区教育的主体力量之一,镇江各辖市(区)拥有的社区教育志愿者人数都达到了市里的要求,并依托志愿者的力量,开展了各种各样的社区教育活动,大大推动了镇江社区教育事业的发展。吸纳了各行各业、各类群体热心社区教育的人士,有利于社区教育目标的实现。各辖市区的志愿者有政府部门的、有医疗行业的、有大型企业的、有司法系统的、有文化团体的,有学校教师、学生、退休人员等,有利于发挥全社会的力量,开展社区教育活动。镇江市目前共有社区教育志愿者102 620人,其中大学生13 127人,占志愿者总人数的12.79%;中小学生22 240人,占总人数的21.67%;教师10 379人,占总人数的10.11%;机关事业单位工作人员7 401人,占总人数的7.21%;企业职工23 843人,占总人数的23.23%;退休人员16 621人,占总人数的16.2%;其他人员9 009人,占总人数的8.78%。

四、社区教育数字化平台及资源建设

(一) 数字化学习平台建设

镇江积极加强社区教育数字化平台和资源建设。目前有4家正常运行的"江苏学习在线"联盟网站:丹徒学习在线、镇江句容学习在线、扬中学习在线、镇江新区学习在线;有2个区建设了自己的"终身学习网":润州区终身学习网、京口区终身学习网。各社区教育中心基本都建立有自己的网站,还有一些社区学院和社区教育中心开设了微信公众号,各社区教育机构积极搭建社区教育网络服务平台,整合优质数字教育资源,开发适需、实用的社区学习网络课程,满足"人人皆学、时时能学、处处可学"的市民终身学习需求。注重社区教育课程资源建设,加大社区教育课程(读本、视频)的研究、开发与应用,形成了一批具有一定特色的课程及活动资源。

各辖市(区)都能积极利用互联网技术,加强社区教育数字化平台建设,开辟"互联网+社区教育"模式。所有辖市(区)都建有社区教育网站,都链接了"江苏学习在线",特别是句容市、丹徒区、扬中市、镇江新区直接对接了"江苏学习在线",京口区、润州区建成了"终身学习网",搭建了社区教育的数字化平台。各辖市(区)充分利用这些平台,不断充实网络课程资源,满足了社区居民"人人皆学、时时能学、处处可学"的终身学习需求。

(二) 课程资源建设

注重加强本土化、人文化、特色化的社区教育课程资源的开发。各辖市(区)在开发课程资源时,注重挖掘本土资源,突出特色,注重地域文化知识的宣传。如丹阳市开发和编写了《吕城民风民俗》《延陵季子》《皇塘民间传说》《导墅革命故事选编》等;句容市开发和编写了《宝华之民间歌谣》《句容东乡文化——方言及婚丧嫁娶》《茅山抗战故事》《后白镇历史典故与传说》等。从重视开发理论资源到积极开发和利用实体资源。镇江各辖市(区)除了积极开发社区教育课程,编写社区教育读本(教材),形成丰富的理论资源外,还积极开发和利用实体资源,社区居民通过对这些实体资源的实践体会来丰富文化生活、提高素养。

五、社区教育课题及研究

"十三五"期间,镇江市成功申报各类社区教育课题101项,顺利结项77项;在各类刊物上发表论文201篇。社区教育理论研究水平不断得到提高,也为镇江社区教育工作的更好开展提供了理论支持。其中,2016年,成功申报各类社区教育课题43项,发表论文68篇;2017年,成功申报各类社区教育课题19项,发表论文41篇;2018年,成功申报各类社区教育课题14项,发表论文45篇;2019年,成功申报各类社区教育课题11项,发表论文28篇;2020年,成功申报各类社区教育课题14项,发表论文19篇。由于缺乏配套经费、缺少激励措施、社区教育教师科研能力不足等原因,"十三五"期间,镇江市社区教育立项课题总量总体呈下降趋势,而且与2016年全市成功立项各类社区教育课题43项的数字相比,近四年的课题立项总量大幅度下降,2020年稍有回升。

1. 研究群体、载体与方法

镇江市社区教育课题的主要研究群体有三类:一是镇江开放大学、各辖市区社区学院(开放大学)领导、科研人员及教师;二是各镇(街道)社区教育中心工作在社区教育一线的管理人员、教师;三是一些镇(街道、产业园)、社区的负责人、工作人员。这些研究群体成员大多熟悉社区教育相关政策,对国家、省、市宏观政策的理解比较准确,因而对地方微观政策的制定具有一定优势;另外,多数研究群体成员工作在社区教育一线,了解社区教育的实际情况,在进行课题研究时更容易做到理论联系实际,研究成果将更具有实用性。

镇江市进行社区教育研究的载体主要有五种：一是开放大学、社区学院、社区教育中心、居民学校、老年大学、老年学校等组织机构及其开展的各类教育培训、文化娱乐活动，特别是品牌项目；二是各类志愿者活动站、青少年校外辅导基地、村校共育辅导站、家长学校；三是农科教项目基地、爱国主义教育基地、游学基地、社会教育学习体验基地等各种社区教育基地；四是当地历史文化旅游资源、传统产业、历史文化研究机构；五是开发出的特色课程和特色教材等。例如丹阳市吕城镇申报的课题《乡土文化课程的开发与运用的研究与实践》，以挖掘吕城镇乡土文化为抓手，以社区教育中心编写的《小城故事》《吕城民风民俗》等教材为载体，开展研究。

镇江市社区教育课题研究方法主要有：(1) 文献资料法。搜集、鉴别、整理相关文献资料，通过文献资料研究，结合镇江实际情况，开展课题研究。(2) 调查访谈法。针对镇江社区教育的各种实际情况，设计书面调查问卷，开展问卷调查；或者实地走访调查，召开座谈会等，了解居民的看法，听取居民的建议，发现存在的问题。(3) 行动研究法。此方法贯穿于课题研究全程，理论与实践相结合，遵守计划、行动、反馈、调整、再改进的工作步骤，提高课题研究实效。(4) 比较分析法。如句容市社区培训学院申报的课题《县域社会教育新型农民职业技能培训模式创新与运行案例的研究》，通过对日本、韩国、英国、法国、德国、美国等国家的农民培训分析，比较研究了农民培训的东亚模式、西欧模式和北美模式，找出问题的关键，从而对我国的农民培训提出建议。(5) 案例分析法。通过对社区教育的典型案例进行分析，找出发展镇江社区教育的具体策略。(6) 经验归纳法。通过对各种社区教育活动进行研究总结归纳，结合自身工作经验，发现问题、解决问题，形成好的经验和做法，并加以理论提升。

2. 研究热点及创新

研究热点主要有：一是老年教育问题，在近四年申报立项的 58 项课题中，有 12 项是关于老年教育问题的研究，主要研究了农村老年教育、老年心理健康教育、社区老年教育的制约因素与对策、智慧养老背景下老年教育、社区老年教育体系构建、社区老年人自发群体组织活动开展、老年健康教育课程开发等问题；二是社区教育课程建设研究，在近四年申报立项的 58 项课题中，有 7 项是关于课程建设问题的研究，主要研究了地方特色课程的开发和利用、乡土文化课程的开发和运用、社区教育微课程资源建设与开发等问题；三是新型职业农民培训问题研究，在近三年申报立项的 58 项课题中，有 4 项是关于新型职业农民培训问题的研究，主要研究了乡村振兴发展战略背景下，新型职业农民的培训模式等问题。

研究创新主要体现在：第一，关于老年教育问题的研究创新，主要体现在六个方面：一是致力于探索建立有效开展老年教育的长效机制，挖掘资源，丰富形式，打造特色亮点，发挥示范辐射作用；二是通过调研、对比、分析，整理提出符合镇江地区实际的老年教育发展观念和对策，可以为全省类似地区的老年教育提供可能的参考解决方案；三是提出自发性群体组织养老的概念，有利于补充家庭养老、社区养老、机构养老的不足；四是将"互联网+"引入老年人教育，寻找有效解决江苏省老年教育的供给与需求之间的突出矛盾的新途径；五是通过文化的多维视角探析老年教育城乡一体化发展；六是在研究方法上重视实践检验，将研究结论返回实践检验、修正。第二，关于社区教育课程建设的研究创新，主要体现在两个方面：一是从社区、乡村的实际出发，积极挖掘本地资源，开发和利用乡土特色文化课程来深化社区教育；二是将微课这一形式与社区教育相结合，并通过微信公众平台来实现微课的学习。第三，关于新型职业农民培训的研究创新，主要体现在从建设社会主义新农村、乡村振兴的视角展开研究，致力于探索适合镇江实际的新型职业农民培养模式。

六、社区教育存在的问题与对策

（一）发展经验

以社区教育项目实施和品牌创建为抓手，推进社区教育事业的发展。镇江各辖市（区）积极开发适合本区（市）实际的社区教育项目，努力打造品牌项目，通过这些社区教育项目的实施和品牌的创建，带动和促进社区教育事业的发展。如丹徒区开发了"丹徒田歌的'非遗'传承"等特色项目；开辟了"冷遹职教思想在社区教育与新农村建设中的运用"创新项目；京口区创建了"京口区家长学习共同体""乐业象山——新市民职业转移培训""滨江学堂"等品牌项目。

以创促建，以评促建。"十三五"期间，镇江对照国家和江苏省的标准，积极创建全国社区教育示范区、全国社区教育实验区、江苏省社区教育示范区，积极建成省标准化社区教育中心和居民学校，积极申报江苏省教育服务"三农"高水平示范基地建设项目等。在创建的过程中，不断推动社区教育在体系构建、资源共享、投入机制、队伍建设、信息化应用、市民学分银行建设等方面的深入实施，努力创设良好的社区教育学习环境，积极组织开展各项社区教育活动，不断提升居民综合素质,促进了镇江社区教育事业的发展。

以评比促发展。各辖市(区)通过评选社区教育优秀品牌项目、评选学习型组织、评选学习之星、评选优秀乡土教材、评选优秀数字化课程资源、评选优秀社区教育论文等,以及通过参加国家、省、市各类比赛、评比,激励各社区教育中心和居民学校行动起来,积极开展各种社区教育活动。

注重特色,深入挖掘本土文化资源。镇江各辖市区在开展社区教育活动时,因地制宜,注重特色,注意挖掘本地各种文化资源,开发特色学习资源。让社区居民了解了家乡的历史、传说和乡贤名人,了解家乡的音乐、饮食、诗词、宗祠文化和风俗文化等,从而增强了居民对家乡的自豪感、认同感。

坚持融合发展,增强教育实效。镇江市切实按照线上线下融合发展、课程与活动相互补充的工作思路,一方面,以网络化、数字化、个性化为服务导向,不断强化社区教育数字化平台建设和数字课程资源建设,各辖市区相继开通社区教育网络服务平台,进一步加强区域优质教育资源整合,并基于本地实际积极开发适需、实用的网络课程,最大限度地满足市民终身学习需求。另一方面,以社区教育大讲堂为依托,广泛开展讲座、培训、观摩、座谈等多种形式的全民学习活动,积极举办社区歌咏、摄影、征文、书画、朗诵等比赛,真正做到以赛促学、以赛促教。

(二) 存在的问题及对策

1. 存在的问题

管理体系不完善,没有形成教育合力。镇江虽然基本形成了以社区教育工作委员会(领导小组)为载体的"两级政府,三级管理"的社区教育管理体制,但是管理体系还不完善。各辖市(区)的社区教育主要是教育部门牵头抓落实,政府的统筹领导作用没有得到充分发挥,一些地方政府对社区教育重视不够。社区教育是面向人人的教育,牵涉各类人群,单靠教育部门难以统筹管理,虽然教育局是政府的职能部门,但是不能替代政府行使社区教育的有关管理权力,也缺乏权威性。另外,尽管镇江市成立了镇江开放大学理事会、镇江市社会教育服务指导中心,建立了社区教育部门工作联席会议制度,但其职能没有充分发挥,政府各职能部门之间缺乏有效的统筹协调,许多关系没有理顺,没有形成强大的教育合力。

地区发展不平衡。不同辖市(区)之间,以及各辖市(区)不同街道(镇)之间,社区教育的发展水平不平衡。经费投入比较足、领导比较重视、工作比较扎实的地区,社区教育发展水平比较高。相反,经费投入不足、领导不够重视、工作不够扎实的地区,社区教育发展水平比较低。有的街道(镇)、社区(村)社区教育缺乏阵地,或者阵地面积小、条件差,氛围不浓,群众不愿意去。

经费保障不力,多渠道筹集经费机制尚未形成。尽管镇江市"十三五"期间每年的社区教育经费财政投入均高于人均4元的标准,但是还有个别市(丹阳市)2018、2019、2020三年的人均社区教育专项经费低于人均4元的标准。在经费划拨上,除了镇江新区是年初一次性足额拨付外,其他6个区(市)或者是分上半年、下半年两次拨付,或者是年终一次性拨付。这种分上半年、下半年两次拨付,尤其是年终一次性拨付的经费划拨方式,不利于社区教育各项培训和活动的开展。另外,社区教育经费主要以市(区)财政投入为主,多数市(区)的镇(街道)财政社区教育专项经费投入较少。社区教育经费社会捐赠金额及其他投入,多数区(市)都很少。社区教育经费筹措渠道比较单一,多渠道筹集经费机制尚未形成。

队伍建设不力。部分辖市(区)的社区教育专职管理人员和专职教师配备不足,年龄结构不合理、专业素养不高。镇江目前的社区教育专职教师队伍年龄普遍偏大,年轻教师比较少,许多教师思维固化,观念陈旧,不能适应新时期社区教育发展需要。另外,许多社区教育教师来自中小学,原初的专业与社区教育专业并不对应,社区教育知识和素养不足。

激励机制不完善,社区教育教师的工作积极性、主动性没充分发挥。镇江市目前除了句容等少数市(区)畅通了社区教育教师职称评审渠道外,其他多数市(区)的社区教育教师的职称依然和各中小学放在一起评审,因为评上职称的难度很大,许多教师在开展社区教育工作中缺乏奋斗的积极性和主动性。

社会力量参与不够,社区居民(村民)参与不充分,社区教育影响力不够广泛。尽管镇江的社区教育呈现出了"政府主导、多元参与"的特点,但是社会力量的参与还是不够,在镇高校、大中型企业、一些民间团体等没有充分参与到镇江的社区教育中来,办学主体未实现多元化。另外,一些基层社区(村)开展社区教育的积极性、主动性没有充分发挥,没有积极组织社区居民(村民)开展社区教育活动,再加上社区居民(村民)的社区意识缺乏,使得在开展社区教育的过程中,社区居民(村民)参与不充分,覆盖面不广,社区教育影响力不够广泛。

社区教育研究有待加强。尽管镇江市积极组织社区教育工作者申报各类课题,但是因为配套经费不足、缺乏激励机制、一些教师科研能力不足等原因,申报立项的社区教育课题数从2017年开始在逐年下降,2020年略有回升。另外。研究深度不够,创新不够,个别辖市(区)课题申报还是空白,社区教育研究有待加强。

2. 未来发展对策

不断健全管理机制,理顺各种关系,形成协同效应。各辖市(区)政府,特别是社区教育发展水平比较低的市(区)政府,要充分重视社区教育,积极发挥社区教育工作委员会(领导小组)的作用,定期举行联席会议,研究社区教育发展的重要事项。积极理顺各种关系,明确各个部门在社区教育工作中承担的职责和任务,并落实到相关责任人。从而在教育部门牵头下,各个部门密切配合,共同致力于促进镇江社区教育事业的发展。另外,要充分发挥镇江市社会教育服务指导中心的作用,加强对全市社区教育的宏观统筹,制定全市社区教育发展规划,指导全市社区教育健康快速发展。

加大对社区教育的经费投入,多渠道筹措经费。各辖市(区)财政要保证按年人均4元的标准足额投入社区教育专项经费,并确保逐步增长,确保专款专用,尽量保证在第一季度拨付到位。还没有达到人均4元标准的地区,财政要尽快落实到位,保证按标准投入经费。各镇(街道)财政也应有相应的配套经费投入。另外,积极吸纳企业、民办教育机构、其他社会团体加入到社区教育行列中来,使办学主体多元化,多渠道筹措经费。

加强社区教育队伍建设,充分调动社区教育工作者的工作积极性、主动性。各辖市(区)要配齐社区教育专职管理人员和专职教师,确保社区教育工作有专人负责和实施,充实一批年富力强,又经过专业训练的人员到社区教育工作队伍中,逐渐实现社区教育工作队伍专门化、专业化。开放大学、社区学院定期组织举办社区教育工作者培训班,加强对社区教育工作人员各项业务素质的培训。各辖市(区)政府要适当向社区教育工作人员进行政策倾斜,打通社区教育工作人员职称评审、职务晋升等渠道,增强岗位吸引力,切实调动社区教育工作者的工作积极性、主动性。注意充分吸纳在镇高校专业教师加入到兼职教师和志愿者队伍中。

加大社区教育数字化平台建设力度。尽快投入相应的经费和技术人员,切实加强"镇江学习在线"建设,特别是组织专业人员尽快开发出移动学习客户端,满足"人人皆学、时时能学、处处可学"的市民终身学习需求。各辖市(区)政府要注意选拔掌握信息技术的人才到社区教育队伍中来,对已有的数字学习平台加强建设和维护,保证居民网络学习的顺利进行。还没有建立数字学习平台的市(区),加紧建立。

加强对社区教育的宣传,充分吸纳各种社会力量的参与。社区教育是教育事业的重要组成部分,是社区建设的重要内容。加快发展社区教育,是完善终身教育体系、建设学习型社会、促进人终身全面发展的迫切需要。但是社会各个领域对社区教育的重要性还是认识不足，甚至不了解社区教育。政府应该通过各种媒体加强对社区教育的宣传，使全社会了解社区教育，鼓励各种社会力量积极参与社区教育。各社区教育机构，也要积极和辖区内的一些企业、民办教育机构等加强联系，联合开展社区教育活动。

努力打通社区教育最后一公里，充分调动基层社区（村）和社区居民（村民）开展、参与社区教育活动的积极性。社区教育只有立足社区，在居民心中烙下深深的印痕，社区教育才能枝繁叶茂、蓬勃发展。因此，必须要把基层社区工作人员的社区教育工作积极性调动起来，把居民学校作为开展社区教育的主阵地，要让社区居民（村民）充分参与进来。为此，政府要努力提高基层社区（村）工作人员的工资待遇，增强岗位吸引力。把社区教育工作列入居委会（村委会）领导的年度工作目标考核，从而激励基层社区（村）积极主动开展形式多样的、合乎居民需要的社区教育活动，切实为社区居民办实事，做好服务。另外，要通过横幅、宣传栏、讲座、发放宣传册、网上社区论坛等途径，加强对社区居民的社区意识、基层民主意识、终身学习意识教育，使其意识到终身学习的重要性，意识到自己在社区建设中担有一份责任，从而积极主动参与社区活动。

加大社区教育研究力度。教育行政部门、开放大学、社区学院、社区教育中心要积极组织社区教育工作者开展社区教育研究，除了每年组织申报省社会教育课题外，可以设立市、区级社会教育课题，并予以一定的经费支持和奖励，鼓励社区教育工作者撰写社区教育论文，参加各种评选和论文征集活动，对获奖者予以配套奖励，等等。充分调动社区教育工作者开展社区教育研究的积极性。市开放大学要利用所依托的镇江市高等专科学校的师资力量，积极开展社区教育理论研究，为镇江市社区教育发展提供理论支持。

供稿单位：镇江市教育局、镇江开放大学

后　记

《中华人民共和国国民经济和社会发展第十三个五年规划纲要》明确提出"畅通继续教育通道、终身学习通道",《江苏省"十三五"教育发展规划》(苏政办发〔2016〕87号)中进一步提到了"全面推进城乡社区教育",江苏省教育厅等十一部门《关于加快发展社区教育的实施意见》(苏教社教〔2017〕1号)中指出"社区教育是教育事业的重要组成部分,是社区建设的重要内容",由此,"十三五"时期迎来江苏社区教育重要发展机遇期。江苏社区教育在提高社区居民整体素质和生活品质,服务区域经济建设与社会和谐发展方面发挥了重要作用,全省基本建成了覆盖城乡、机制完善、功能齐全、优质高效、具有江苏特色的社区教育系统。

《江苏省"十三五"暨2020年度社区教育发展报告》全面总结"十三五"时期江苏社区教育取得的重要进展、发展成果,从组织领导、经费投入、数字化平台建设、队伍建设、课程资源建设、项目实施、科学研究、品牌建设等方面认真分析当前的发展概况、存在问题和薄弱环节,科学研判"十四五"时期的发展趋势,促进江苏社区教育高质量发展,促进江苏学习型社会建设。

2020年6月,江苏省社会教育服务指导中心发布了《关于开展江苏省社区教育"十三五"工作总结暨"十四五"规划编制的通知》(苏社教指〔2020〕13号),发展报告的撰写工作由此启动。由江苏开放大学、江苏省社会教育服务指导中心提出选题及研究框架设计,并组织实施。同时,江苏各级教育行政部门、各市社会教育服务指导中心以及开放大学相关部门为该发展报告的编写提供了大量资料、数据和案例。全书的资料、数据收集和分析由沈悦、费红辉负责,第一部分主报告由吴杰草拟初稿,丁晓华、沈悦、张曌曌参与修改,最终由钱旭初改定,第二部分百项大事记由沈悦整理,第三部分分报告由各市提供,费红辉整理。全书邀请社区教育专家王中、李俊华、张廷亮、顾安平、景圣琪(按姓氏笔画排序)提出修改意见,由钱旭初统稿,吴忠宁审定。总主编崔新有对本书进行了最终审定。

在这里，我们谨向参与本报告的研究和支持配合本报告出版的有关专家学者与社会有关部门表示诚挚的敬意，感谢他们所做出的辛苦付出。书稿的完成是"十三五"阶段的总结，对我们来说也是研究实践新的起点。由于资料和时间的限制，书稿中如有遗漏和不当之处，敬请专家、读者、同仁批评、赐教！

最后，值此中国共产党成立一百周年之际，谨以此书向投身社区教育以及全民终身教育事业的同志们致敬！

本书编委会

辛丑年仲秋于金陵龙江